심리학자의 인생 실험실

나에게는 절대 일어나지 않을 줄 알았던 일에 대한 치유 보고서

심리학자의 인생 실험실

장현갑 지음

불광출판사

○   차례

○   머리말

삶의 고뇌를 헤쳐나가는 확실하고도 지혜로운 방법

이 책은 내가 살아온 지난 76년간의 삶을 회고하면서 응어리진 수많은 고난들과 그 고난들을 극복하기 위해 몸부림치며 찾아 헤맨 방법들과 지혜들을 정리해본 것이다.

옛날부터 우리는 삶을 고통의 바다에 비유하며 '인생고해(人生苦海)'라는 말을 즐겨 써왔다. 지금 돌이켜보니 참으로 삶은 고통으로 얼룩져 있다. 영광스런 날은 잠깐이었고 대부분의 날이 고통의 연속이었다.

이처럼 누구나 삶의 여정 속에서 고통은 피할 수 없는 것이다. 대부분의 사람들은 삶의 고통에 직면했을 때, 일단 피하고 보자고 도망가거나 부정하는 것으로 일관한다. 그러나 이런 회피적인 태도는 문제를 해결하기는커녕 점점 더 키우고 만다. 고통에 직면했을 때 이런 고통을 만들게 된 원인이 무엇이며, 고통 없는 행복한 세상으로 가려면 어떻게 해야 하는가에 총력을 기울여야 한다.

지금 돌이켜보면 내가 살아온 76년간의 삶의 궤적도 끊임없이 이어지는 고난과 이의 극복 과정이었다. 힘든 여정이었다. 그 중에서도 삶의 전환점을 마련한 몇 가지 중요한 사건들, 특히 30대 후반 이후 지금까지의 40여 년 동안 일어난 특별한 몇 가지 일들을 회고해 봄으로써 이 책의 서문에 대신할까 한다.

지금부터 40년 전 내 나이 36세 때, 나는 우울과 불안 그리고 의욕 저조 때문에 정신 분석 치료를 받았다. 당시 나는 서울대 심리학과 교수였고, 동시에 서울대 의대 약리학 교실과 가톨릭 의대 생리학 교실의 외래 교수로서 실험실을 가지고 있었다. 뇌과학과 정신약리학이라는 첨단 과학 분야에서 많은 업적을 내 동료들의 부러움을 사기도 했다. 이처럼 외양을 비교적 잘 갖추고, 더구나 심리학을 전공으로 한다는 교수가 무슨 괴로움이 있어 정신분석 치료를 더 받는다는 말인가?

정신분석 치료를 받으면서 나의 이 모든 정신적 고통이 나 스스로 만들어낸 것이며, 이 문제를 해결하는 방법은 약물도 의사도 아니며 나 자신이라는 것을 절감하였다. 그래서 나 스스로 내 문제를 해결해보기 위해 온갖 방법을 찾아 헤매었다. 그때 내가 발견한 것이 바로 하버드 의대 벤슨 박사가 쓴 『Relaxation Response(이완반응)』이다. 이 책에 소개된 만트라 명상법이 목마른 나에게 감로수가 되었으며, 이것이 나와 명상과의 첫 인연이었다.

당시 나에게 정신분석 치료를 해준 선생님은 세계적으로 권위 있는 정신과 의사였다. 선생님은 '도(道) 정신치료'라는 동양 정신의 도(道)에 바탕을 둔 독특한 정신치료법을 전 세계 정신의학자와 심리치료가에게 전파한 분이다. 어느 날엔가는 "자네는 뇌과학을 전공하고 있으니, 명상이나 참선 같은 정신수련이 뇌와 몸에 미치는 영향을 과학적으로 연구해보면 어떻겠나."라는 조언도 해주셨다.

당시 뇌의 기능을 알아보기 위해서는 주로 뇌파 기록을 통해 알아보아야 했다. 그러나 뇌파를 찍는 장비가 워낙 고가이고 뇌파 촬영에 따른 각종 소모품 비용도 만만치 않아, 뇌파를 이용해 연구하는 것은 사실상 불가능한 일이었다. 그런데 바로 그 이듬해인 1978년 겨울, 꿈같은 일이 일어났다. 어느 날 영남대 총장님으로부터 연락이 왔다. 총장님은 "영남대에 심리학과가 다음해 3월에 만들어지니 함께 일해 보지 않겠는가" 하고 제안하셨다.

교수직을 제의 받고 나는 한 가지 제안을 했다. 만약 참선이나 명상 같은 정신 수련법을 과학적으로 그 효과를 밝힐 수 있도록 연구 장비를 제공해 준다면 뜻을 함께 할 수 있다고 했다. 총장님은 의과대학과 부속 병원도 동시에 만들 계획이니 그 문제는 큰 어려움 없이 해결될 수 있다고 약속해 주셨다. 그래서 나는 1979년 3월 '명상의 정신생리학적 연구'라는 큰 꿈을 실현하기 위해 대구로 발걸음을 옮겼다. 그러나 그해 10월 26일 이른바 박정희 대통령이 시해당한 10.26사태가 발생하였고, 이어 12.12사태, 이듬해 5월 광주민주화운동 등으로 이어지는 일련의 사태 발생으로 나의 꿈은 깨어졌다.

나는 이 암울한 시기에 대안을 찾아 나섰다. 그것이 '격리성장과 행동장애'라는 연구였다. 10여 년에 걸친 연구 끝에 수십 편의 실험 논문을 쏟아내었고, 1985년 내 자신의 실험 연구 논문만으로 『격리성장과 행동장애』라는 단행본도 출간하였다. 오늘날 사람들이 자주 언급하는 분노조절장애, 성적욕망조절장애, 주의집중장애 등이 어린 시절부터 동료와의 관계가 원만치 못하였기 때문이다. 보호받는 집안에만 칩거한 채 가족 이외의 사람들과는 인간관계를 맺지 않는, 이른바 '은둔형 외톨이'를 바로 격리성장 증후군으로 볼 수 있는 것이다. 내가 바로 이 은둔형 외톨이의 행동 특징과 뇌 장애를 세계 최초로 체계적 실험을 통해 규명한 연구자의 한 사람이다.

격리성장에 따른 행동장애 연구 업적들이 세상에 널리 알려지면서, 나는 세계 최고의 권위를 자랑하는 인명사전인 '마르퀴스 후즈 후' 5개 분야(Marquis Who's Who in the World, Who's Who in Medcine and Healthcare, Who's Who in Science and Engineering, Who's Who in Leaders,

Who's Who Asia)에 등재되었다. 또한 국제인명센터(IBC)에서 100대 교육자에 선정되고, 명예의 전당에 올랐다. 그리고 미국인명연구소(ABI)에서 '2009년 올해의 인물(2009 Man of Year)'로 선정해주어, 세계 3대 인명사전에 모두 등재되는 엄청난 영광도 얻었다.

내가 동양 정신문화의 진수인 명상과 관련해 과학적 관심을 갖게 된 결정적인 계기는 1986년 미국 뉴욕의 주립 뇌장애발달연구소의 객원 연구원으로 있을 때였다. 이때 나는 보스턴에서 미국에 선불교를 전파하고 계신 숭산(崇山) 스님을 뵌 적이 있다. 스님은 나에게 미국에 대한 인상을 물으셨는데, 나는 거침없이 "참담하고 혼란스럽다"고 말했다. 스님은 "왜 그렇게 생각하는가" 하고 되물으셨다. 이에 "오늘날 이곳 사람들이 지나친 개인주의로 말미암아 남에게 관심도 없고 소통도 없을 뿐 아니라, 또 이들의 선조가 수많은 사람들(인디언)을 학살했고, 노예(흑인들)로 혹사했고, 자연을 훼손한 인과응보에 의한 것 아니겠습니까"라고 답했다. 그리고 "물질 위주의 서양 문명은 정신 위주의 동양 문명을 적절히 섭취하여 융합함으로써 새로운 패러다임의 인본적 문명으로 태어나야 할 것"이라고 힘주어 말하였다. 숭산 스님은 미소로써 화답했고 나는 내 생각이 틀리지 않았음을 확인받을 수 있었다.

그런 일이 있은 후 30여 년이 지난 오늘, 서양 사람들이 명상에 열광하고 있다. "마음챙김 명상 수련이 바로 심신치료가 된 시대"라고 미국 심리학회의 공식기관지인 「American Psychologist(미국 심리학자)」 2015년 10월호에서 언급하고 있다. 사실 마음챙김으로 온 세상이 떠들썩한 시대가 되었다. 2014년 2월 3일자 「타임(Time)」지는 이러한 현상들을 두고 "마음챙김 혁신(Mindful Revolution)"이라는 제목으로 표지기사를 실었다.

오늘날 병원 외래 환자의 80~90%가 스트레스 관련 환자들이라고 한다. 이러한 생물학적으로는 병의 원인을 알 수 없는 환자들을 치료하기 위해, 1990년 미국 매사추세츠대학 의료원의 존 카밧진에 의해 도입된 〈마음챙김 명상에 기반을 둔 스트레스 완화(Mindfulness Based Stress Reduction : MBSR)〉 프로그램이 오늘날 전 세계적으로 열풍을 불러일으키고 있다. 이제 MBSR은 임상의료분야, 학교 장면, 산업체 장면, 군사 작전 장면 등으로 급속하게 보급되고 있다.

이 MBSR을 만든 존 카밧진은 앞서 언급한 숭산 스님으로부터 불교를 배운 제자다. 내가 그를 처음 만난 것은 1993년 8월 중순 일본 도쿄에서 열린 국제 건강 심리학회에서였다. 이 학회에서 카밧진을 기조 연설자로 초청하였고, 그가 1990년에 쓴 그의 첫 저서 『Full Catastrophe Living(총체적 위기의 삶)』을 그곳에서 구입할 수 있었다. 내가 그의 연설을 듣고 저서의 서문을 읽는 동안, "아! 바로 이거야" 하면서 내가 하고 싶어 했고 꼭 해야만 할 일들이 바로 여기에 다 녹아 있다는 것을 알게 되었다. 내가 반드시 이 책을 번역하여 고통받는 사람들에게 도움을 주겠다는 사명감이 일었다. 또한 이 MBSR 프로그램을 의료 장면에 도입해 환자치료에 활용해야겠다는 강렬한 의무감 같은 것을 느꼈다.

그렇게 다짐한 지 5년 후 『마음챙김 명상과 자기치유』라는 제목으로 김교헌 교수와 공동으로 번역 출간하였다. 또한 카밧진의 MBSR을 바탕으로 호흡명상과 자비명상을 가미하여 한국형 MBSR인 〈K-MBSR〉을 만들었다. 2004년부터 2008년까지 가톨릭 의대 통합의학 교실의 외래교수로서, K-MBSR을 환자치료에 직접 활용하였다. 2012년에는 대구시교육청과 MOU를 맺고, 교사들을 상대로 하는 5주짜리 단축형 K-MBSR을 1,400여 명의 교사에게 2년 동안에 걸쳐 실시했다. 이 프로그램을 교육받은 교사들의 만족도가 무려 98점 이상이었다고 한다.

그리고 2012년 삼성 그룹의 명상자문단의 자문위원으로 위촉받아 대기업에 명상이 도입되는 데 일조를 하게 되었고, 몇몇 대기업에서 명상의 필요성에 관해 특별강의를 하기도 했다. 현재는 모 대기업에서 우선 인사담당자와 인력개발 담당자들을 대상으로 자기 인식, 자기 조절, 회복탄력성, 공감과 자애심 등을 개발하는 프로그램을 만들어 실천에 옮길 준비를 하고 있다.

1997년은 나에게 가장 고통스런 한 해였다. 안식년을 맞아 본격적으로 명상을 수련하기 위해 선원에 들어가 1년 간 수행할 생각이었다. 그러나 약속한 선원에 사정이 생겨 계획대로 되지 못해 대신 미국 애리조나 대학으로 갔다. 그곳 심리학과의 게리 슈워츠 교수의 초청을 받아 명상의 의료 적용에 관해 연구해 볼 계획이었다.

내가 애리조나대학에 갔을 때 처음 3개월 동안은 하루 6시간의 명상 수행, 6시간의 연구 작업, 6시간의 수면, 6시간의 일상 활동으로 스케줄을 잡아 엄격하게 실행에 옮겼다. 집은 교직원 기숙사를 빌렸고, 자동차도 없이 지냈다. 3개월의 수행이 끝나고, 3개월 동안 미국 각지를 여행하려는 만행의 시기에 아내, 아들, 딸이 찾아왔다. 이들과 함께 떠난 여행에서 불행한 사고가 일어나 아내와 딸은 유명을 달리 했고 나는 두 다리와 발등이 으스러지는 중상을 입었으며, 아들도 다리의 인대가 손상되는 큰 부상을 당했다.

4개월의 재활 도중 나는 그 동안 번역하고 익힌 카밧진의 마음챙김 명상을 온전히 실천할 수 있게 되었다. 처절한 고통 속에서도 굴하지 않고 어떤 의미를 발견하는 것이야말로 참다운 삶의 지혜라는 것을 알게 되었다. 지금 이 순간 이곳에서 전개되는 모든 것을 몸으로 마음으로 알아차림하고, 알아차림한 그것을 온전히 수용하고 실천에 옮기는 것이야말로 마음챙김 명상의 핵심이라는 것을!

우리는 '지금 현재'라고 하는 이 순간의 소중함을 알아차림하지 못한 채, 지나가버린 과거나 아직 오지 않은 미래에 머물면서 온갖 환상을 떠올린다. 이제 이런 환상에서 깨어나 지금 존재하는 이곳에서 또렷하게 알아차림함으로써 나라는 존재의 참된 주인공이 되어야 할 것이다. '수처작주 입처개진(隨處作主 立處皆眞)'이라는 말이 있다. 어디에 있든 존재의 주인공이 되면 있는 그 자리가 바로 진리라는 뜻이다.

이 책에는 독자들이 마음챙김 명상을 비롯하여 몇 가지 명상을 직접 익힐 수 있도록 실습에 필요한 안내문을 부록으로 실었다. 오랜 시간 명상을 지도해오면서 실제로 사용해왔던 명상 안내문의 내용이다. 독자들은 이 안내문을 읽고 직접 따라해볼 수 있을 것이다. 가장 중요한 것은 꾸준히 실천하는 것이다. 부디 이 책이 여러분이 직면하고 있는 고뇌들을 헤쳐 나가는 데 도움이 되길 간절히 바란다.

이 책을 쓰는 데 많은 분들이 도움을 주셨다. 여러모로 애써주신 불광출판사에 고개 숙여 감사드린다. 그리고 원고를 손질해주고 그림을 제공해준 아내 조미향 님, 인내로 이 책의 출판을 기다려준 자랑스런 아들, 딸, 며느리, 사위 그리고 귀여운 손자손녀들 모두모두 고맙구나.

2017년 9월
대구 시지동의 심경정사(心耕精舍)에서
장현갑

이 세상에 존재하는 모든 것이 영원치 않다는 사실을 깨달을 때,

우리는 더 심오한 자유의 세계로 나아갈 수 있다.　　　- 붓다

chapter 1.

크게 죽어봐야 도리어 산다

•

이 세상 모든
기쁨은 다른
존재의 행복을
바라는 데서 오고,
이 세상 모든
고통은 자신만이
행복하기를 바라는
데서 온다.

—

산티데바

햇빛에 반짝이는 나뭇잎처럼 웃었던 날들

일상은 지루하다. 끊임없이 반복되기 때문이다. 그래서 사람들은 우연을, 달콤한 우연을 꿈꾼다. 뭔가 설레는 일이 일어나길 바라지만, 물론 실제로 그것이 일어날 확률은 극히 미미하다. 알다시피 세상은 내 뜻대로 돌아가지 않는다. 그러나 다행인지 불행인지, 우리는 적응의 동물이다. 한숨과 쓴웃음 속에 아쉬움과 미련을 구겨 넣고, 또 다시 반복과 관습의 대열에 합류한다. 쳇바퀴 안에서의 인생은 단조롭지만 안전하다. 한편으론 너무나 기막힌 우연을 만나면, 지독하게 따분했던 날들이 미치도록 그리워질 때가 있다.

1997년 안식년(安息年)을 맞았다. 교수가 된 지 27년 만에 처음으로 1년간 학교를 쉴 수 있게 된 나는 본격적인 명상수행을 마음먹었다. 아예 단기(短期) 출가라도 해서, 명상과 심장병 치유와의 상관관계를 집중적으로 연구할 생각이었다. 내심 믿는 구석도 있었다. 평소 가깝게 지내던 스님이 백운산에서 선원(禪院)을 운영했다. 거기서 한동안 기거할 계획이었고 스님의 동의도 얻었다. 홀가분하면서도 설레는 마음으로 선원에 입방할 날만 손꼽아 기다리는데, 첫 번째 '우연'이 발생했다. 예상치 못한 일이 생겨 스님이 선원을 나오게 된 것이다. 나 역시 신세를 지기가 애매해졌다.

반면 두 번째 우연은 활짝 웃는 얼굴이었다. 고대하던 출가의 길이 막혀 난감해 하던 차에, 미국에서 반가운 초청장이 날아왔다. 애리조나대학교의 객원교수로 초빙된 것이다. 하버드대와 예일대 교수를 지낸 세계적인 심리학자 게리 슈워츠(Gary Schwartz) 박사가 나를 초청해줬다. 그간의 나의 학문적 업적과 연구계획서에 만족하여 어려운 자리를 마련해준 것이다. 특히 슈워츠는 '심장병 치료에 있어서 명상의 적용'에 관한 나의 연구 주제에 비상한 관심을 가졌다. 자신의 논문들에 대해 코멘트를 부탁할 만큼, 나를 신뢰했다. 이것이 태평양 건너 이역만리 타향에서 새로운 연구기회를 얻게 된 계기다.

　미국에 자리를 잡은 나는 소중한 기회를 열심히 가꾸어 갔다. 철저한 자기관리로 일관했다. 하루를 정확히 4분의 1로 쪼개어 차지게 사용했다. 처음 3개월 동안 매일 6시간씩 명상했고 6시간씩 공부했다. 6시간을 잤고 나머지 6시간은 여가활동으로 보냈다. 꽉 짜인 나날들은 견고했고 그래서 평안했다. 무엇보다 건강이 회복됐다. 끈질기게 나를 괴롭혀온 협심증이 미국에 체류하는 동안은 단 한 번도 일어나지 않았다. 그러나 전화위복의 땅인 줄로만 알았던 미국 땅은, 머지않아 지옥으로 돌변했다.

　여름방학을 맞아 가족들이 대구에서 애리조나로 건너왔다. 아내 정방자 교수는 효성가톨릭대에서 『화엄경』을 통한 고통의 소멸'을 연구하던 상담심리학자였다. 나와는 서울대 심리학과 동기동창이었고, 배우자이기 전에 함께 수행의 길을 걷는 도반(道

伴)이었다. 젊어서 우리는 예식장을 빌리지도 못한 채 결혼했다. 신혼집을 구할 돈이 없어 그녀의 외할머니 댁 문간방에서 신접살림을 시작했다. 이후 어렵게 얻은 방 2개짜리 전셋집에서는 연탄가스 중독으로 죽을 고비도 여러 번 넘겼다. 삶의 외피는 가난하고 열악했지만, 각자의 내면에 품은 향학열을 서로 다독여주며 버텼다. 조강(糟糠)의 세월은 애처로우면서도 애틋했다. 우리에게 가난은 고통이면서도, 고통을 극복할 수 있게 해주는 힘이었다.

자녀들도 버팀목이었다. 부부가 바쁘다는 핑계로 특별한 사랑은 베풀어주지 못했지만 알아서들 잘 자라주었다. 가족들이 미국에 왔을 때, 단순히 아빠를 오랜만에 만나 놀아보겠다는 목적은 아니었다. 셋째 딸 훈정이는 조지워싱턴대 미술사 전공 석사과정에 입학허가를 받아놓은 상태였다. 세계적인 큐레이터가 되겠다던 예쁘고 발랄한 아이였다. 군에서 막 제대한 아들 영서는 버펄로에서 영어연수를 받기로 되어 있었다. 이렇게 저마다의 목표를 향해 달려가던 우리들은 머나먼 이국에서 정말 반갑게 해후했다. 한편으론 이 시간이 지나면 또 다시 한동안 보지 못할 처지였다. 기약 없는 생이별이 예정된 상황에서, 어렵게 찾아든 행복을 헛되이 날려 보낼 수가 없었다.

자동차를 빌려 여행을 떠났다. 애리조나 투산을 출발해 로키산맥을 거슬러 캐나다 국경과 인접한 몬태나로 올라가는 여정이었다. 아끼던 제자 부부에게 운전을 맡겼다. 식구들은 그랜드 캐니언, 옐로스톤, 빙하 국립공원 등 색다른 이국의 풍경을 즐겼다.

우리들은 햇빛에 반짝이는 나뭇잎처럼 웃었고 홀씨를 주고받는 민들레처럼 이야기를 나눴다. 다들 꿈이 있었고 서로의 꿈을 응원해줄 사람이 곁에 있다는 사실은 감동이었다. 아이다호의 광활한 평원을 지날 때는 김광석의 '광야에서'를 몇 번이고 합창했다. 모든 게 평화로웠고 비할 바 없이 안락했다. 하지만 꿈도 삶도, 무너지는 건 삽시간이었다. 나는 아직도 '찰나'라는 단어를 들으면, 가끔씩 치가 떨린다.

반대편에서 달리던 차와 정면으로 충돌했다. 핸들을 잡은 제자가 깜빡 졸았던 모양이다. 시속 100km 이상으로 질주하던 차가 서로 맞부딪혔다고 상상해 보라. 나는 조수석에 타고 있었다. 차체가 순식간에 뒤로 밀렸고 운전석까지 파고든 범퍼에 두 다리가 끼어버렸다. 어처구니없는 실수를 저지른 제자를 원망하기엔, 육체적인 고통이 너무 컸다. 뼈가 산산조각 나는 분쇄골절이었다.

엄청난 통증과 함께 공포가 몰려왔다. 그 와중에서도 나는 아버지였다. 본능적으로 가족들의 안위가 걱정됐다. 정신없이 두리번거리다가, 검고 뿌연 연기의 안쪽에서 피투성이가 된 피붙이들을 발견했다. 죽었다는 걸 직감적으로 알 수 있었다. 사랑하는 가족의 주검을 곁에 둔 채, 나는 그렇게 하반신이 박살난 몸으로 1시간 동안 방치돼 있었다. 첫 번째 우연이 불운이었고 두 번째 우연이 행운이었다면, 세 번째 우연은 과연 무엇이란 말인가?

벌써 20년 전의 이야기다. 아내와 딸을 눈앞에서 잃었다. 그들은 참혹한 모습으로 떠나갔다. 나는 두 다리가 부러지고 발등은 으깨졌다. 아들도 다리를 크게 다쳤다. 현지 TV에도 보도될 만큼 끔찍한 사건이었다. 숨이 거의 다 끊어진 아내를 보살피던 간호사가 나에게 "아내에게 마지막 말을 남길 것이 없느냐"고 묻던 순간을 잊을 수가 없다. 그나마 지금은 그럭저럭 담담하게 이야기할 수 있다. 그러나 말로 다 못하는 슬픔은 어찌할 수 없다. 하늘이 무너지고 가슴이 찢어지는 절망? 그때 내가 처한 현실에 비하면 형편없이 초라하고 한심한 수사(修辭)였다.

금쪽같던 두 여인의 유해와 함께, 나는 바스러진 몸으로 귀국길에 올랐다. 곧바로 입원했다. 좀처럼 잠들지 못했다. 움직이지 않는 다리만 잠들 수 있었다. 병상에 누워 있으면서 나는 오래 생각했다. 생각했다기보다는 생각에 파묻혀 허우적댔다. 생각의 대부분은 후회였고 자학이었다. 왜 하필이면 나에게 이런 불행이 찾아왔을까. 기가 막힌 타이밍으로 이어졌던 우연들을 바득바득 증오했다.

'예정대로 선원에 들어갈 수 있었더라면…. 애리조나에서 초청장이 오지 않았더라면…. 내가 심리학과 교수가 아니었더라면…. 가족들을 거기서 만나지 않았더라면…. 험준한 산길을 여행지로 택하지 않았더라면…. 내가 직접 운전대를 잡았더라면…. 차라리 아내와 원수처럼 지냈더라면…. 자식들이 나를 미워했더라면…. 아예 이들과 인연을 맺지 않았더라면…. 태어나지 않았더라면….'

시련은 미래가 보내주는 선물이다

그래도 살아있으면 살아가게 되는 것이, 모든 살아있는 것들의 운명이다. 숨통이 완전히 끊어지기 전까지는 삶이 어떻게 마무리될지 아무도 예측할 수 없다. 내가 인생을 선택하는 것이 아니라 인생이 나를 선택하는 것이다. 다시 걷기 위해 또한 슬픔을 잊기 위해, 나는 필사적으로 재활에 매달렸다. 아무리 거대하고 울창한 숲이라도, 사소한 한 줄기 바람에 흔들리는 법이다. 나는 그 작은 인연의 저력을 믿었다. 아무 일도 할 수 없었기에 무슨 일이든 해야 했다.

하버드대 심신의학연구소 공동소장을 맡았던 심리학자인 조앤 보리센코(Joan Borysenko)는 '회복탄력성'이란 개념이 소개되면서 국내에도 널리 알려진 인물이다. 장기 입원하는 동안 그녀가 쓴 『마음이 지닌 치유의 힘』이라는 책을 끈질기게 탐독하고 번역했다. 사고가 나던 날, 여행 가방에 들어있던 책이었다.

신기한 점은 아비규환의 현장에서 어쩌면 영영 잃어버렸을지도 모를, 잃어버렸어도 그다지 신경 쓰지 않았을 물건이 용케도 한국까지 나를 따라왔다는 것이다. 보리센코의 책은 나에게 진한 위안이 됐고 다시금 살아갈 용기를 줬다. 눈여겨보지 않았던 인연이 나를 갱생하게 한 인연이 됐다는 사실을 생각하면, 지금도 놀라울 따름이다. 우연은 역방향으로만 흐르지는 않는다.

천리 길도 한걸음부터다. 위대한 역사란 알고 보면, 권력자의 얄팍한 허명(虛名)이 아니라 이름 없는 민초들의 비루한 땀이 한 방울 한 방울 모여 달성되는 법이다. 힘겨운 재활에 들어가면서 나는 내게 주어진 생의 순간순간에 최선을 다 하기로 마음먹었다. 그렇다고 너무 멀리 내다보거나 무리하지는 않았다. 오직 지금 이곳에서 할 수 있는 일 하나씩만 해내자고, 한 눈금만 더 나아지자고, 스스로에게 다짐을 받았다. 새끼발가락 하나라도 정상으로 되돌려보자는 심정으로 완전히 마비된 감각에 온 신경을 집중했다.

처음엔 병상에서 일어나 앉기만을 바라며 온힘을 쏟았다. 오래고 집요한 노력 끝에 비로소 침대에서 등허리를 떼어냈을 때의 기쁨은 느껴보지 않은 사람은 모른다. 이후 타인의 도움을 받아 휠체어에 옮겨 타고, 보행기에 의지해 화장실 문턱을 넘고, 목발을 짚으며 혼자 걷고, 목발을 버리고 지팡이를 쥐기까지…. 매일같이 나 자신과 약속한 목표를 6개월에 하나씩 달성했다. 마침내 온전한 두 다리로 멀쩡하게 걸어내는 데 성공했다.

혹자들은 기적이라고 경탄할지 모르겠다. 그러나 나는 기적의 결과보다 기적의 과정에 주목하고 싶다. 그저 지금 이 순간, 바로 이곳에서 나는 내가 할 수 있는 일에 혼신의 힘을 다 했다. 그리고 그러다 보니, 그렇게 됐다. 일일시호일(日日是好日). 오늘이 좋아야 내일도 좋게 마련이다. 또한 오늘이 건실해야 내일이 희망차게 마련이다. 누군가 말했다. 목적지에 가장 빠르게 도달하는 방법은, 지금 당장 걷는 것이라고.

　　나의 성찰과 도전은 존 카밧진(Jon Kabat-Zinn) 박사가 쓴 『Full Catastrophe Living(총체적 위기의 삶)』에서 크게 영향 받았다. 카밧진이 고안한 수행법은 'MBSR(Mindfulness Based Stress Reduction)' 또는 '마음챙김'이라는 이름으로 세간에 널리 회자되고 있다. 이 책을 손수 번역하면서 '마음챙김'의 의미를 보다 확실하게 이해할 수 있었다. 오로지 한 생각에만 집중하는 사마타 수련 그리고 분노를 자비로 전환하는 자비명상 수련에도 적극적으로 임했다. 특히 명상은 지병이었던 협심증에도 탁월한 효과를 발휘했다.

　　하루아침에 가족을 저 세상으로 보낸 처지였다. 더구나 몸도 성하지 않았던 나는 동정(同情)의 대상이었다. 그러나 남들의 시선 속에 초췌하고 가여운 존재로 갇혀 있는 내가 너무 싫었다. 휴직을 권고하는 총장과 동료 교수들의 연민을 뿌리쳤다. 누가 뭐라던 말던 목발을 짚고 학교 계단을 오르내렸다. 여봐란 듯이 강의하고 연구하고 저술했다. 나의 진면목을 증명할 수 있는 유일한 길은 어찌 됐든 학문이었기 때문이다. 물론 힘겨웠다. 주어진 순간순간 여생(餘生)의 힘을 몰아서 가져다 쓰는 기분이었다.

　　그래도 악바리의 결실은 값졌다. 마침내 카밧진 박사의 『Full Catastrophe Living(총체적 위기의 삶)』을, 김교헌 교수와 우리말로 공역하여 『마음챙김 명상과 자기치유』를 출판했다. 곧이어 딘 오니시(Dean Ornish) 박사의 저서를 『약 안 쓰고 수술 않고 심장병 고치는 법』이란 제목으로 펴냈다. 출판이라는 대외적 결실보다 진정으로 자기치유를 할 수 있는 힘을 얻었다는 것이 저술의 가장 큰 의의였다. 50대의 한때에 연이어 찾아온 사고와 질병과 실의(失意)는 도리어 나를 더욱 단련시키고 성장시킨 '역행(逆行) 보살'이었던 셈이다.

"고통이 곧 의미야." 재활에 성공한 이후 동료와 학생들에게 즐겨 해주는 충고이자 고백이다. 정신치료가 빅터 프랭클(Victor Frankle)에게서 영감을 얻었다. 그는 제2차 세계대전 당시 유태인 수용소에 억류되면서 겪은 뼈아프고 잔인한 경험을 바탕으로 『죽음의 수용소에서(Man's Search for Meaning)』라는 제목의 책을 썼다. 프랭클은 거기서 '고통 속에서 발견한 의미'야말로 인간의 삶을 보다 값지고 알차게 해준다고 강조하고 있다. 불행을 통과하지 않은 행복은 없다. 가혹한 현실을 흔쾌히 받아들이고 이를 극복하기 위해 최선을 다할 줄 안다면, 위기는 정말로 기회다.

내 인생의 뿌리를 송두리째 뽑아버릴 만큼 끔찍했던 사고가 일어난 지 어느덧 20년이 흘렀다. 그 동안 수많은 논문과 책을 쓰고 강연을 하고 번역을 했다. 나를 원하는 이들이 있다면 어디든 달려갔다. 나의 고통을 치유하는 동시에 이웃에게 자신의 고통을 치유할 수 있는 방법을 알려주기 위해, 한시도 헛되게 흘려보내지 않았다. 인고의 세월은 가히 초인적이었다고 자부한다.

불교의 선사(禪師)들은 대사각활(大死却活)을 강조했다. '크게 죽어봐야 도리어 산다'는 뜻이다. 조계종 제2대 종정을 지낸 청담 스님은 교단에서 대처승을 몰아낸 불교정화운동의 주역이자 한국불교의 대표적인 선지식이다. 개인적으로는 전처와의 결혼식에 참석해 축하를 해준 분이기도 하다. 스님은 "무아(無我)의 사랑을 주는 자만이 그 사랑을 온전히 돌려받을 것"이라고 설법했다. 욕심과 분노로서의 가짜 '나'를 버려야 본래의 영원한 '참나'를 회복할 수 있다는 게 당신 말씀의 요지라고 생각한다.

낡은 허물을 벗어내지 못한 인간은 허물과 함께 썩는다. 고통을 그저 걸림돌이라 여기고 아무 것도 하지 않는다면, 고통은 우리를 더욱 얕잡아보고 더욱 잔혹하게 짓밟을 것이다. 반면 고통을 디딤돌로 삼아 더 나은 인생으로 가려는 노력을 꾸준히 보여준다면, 고통도 그에 상응하는 보상을 가져다줄 것이다. 나는 혈육을 잃었지만, 용기를 얻었다. 사랑하는 사람을 잃었지만, 진심으로 사랑할 수 있는 마음을 얻었다. 내가 증인이다. 시련은 미래가 보내주는 선물이다.

나를 살린 명상의 힘

1975년 직장이었던 서울대학교가 종로구 동숭동에서 관악구 신림동으로 캠퍼스를 이전했다. 서른을 갓 넘긴 초임 교수 시절이다. 학교가 새롭게 출발하는 만큼 나 역시 좀 더 열정과 책임감을 갖고 교수직에 임해야겠다고 마음을 다잡았다. 그러나 결심이 실망으로 바뀌기까지는 그리 오래 걸리지 않았다. 학교의 규모는 이전보다 10배 이상 커졌다 해도, 연구현실은 오십보백보였다.

제대로 된 실험실도 연구 장비도 갖춰지지 않았다. 학교당국에서 지급하는 연구비는 아예 없었다. 자고로 왕성한 상상력으로 새로운 가설을 세우고 그 가설을 증명하기 위한 실험을 거듭하며 학문의 지평을 넓혀가는 것이, 공부하는 사람의 의무이자 행복이다. 연구 환경이 충족되지 않으면서 무력감과 절망감만 커졌다. 그저 이름만 교수일 뿐, 예전에 읽었던 책이나 다시 훑어보며 공상에나 빠지는 내 자신이 비참했다.

나중에 자세히 설명하겠지만, 내 인생도 누구 못지않게 어둡고 힘겨웠다. 6.25사변이라는 전쟁의 참화를 온몸으로 겪었고, '산업화'와 '민주화'라는 양대 가치가 충돌하던 시기를 열혈청년으로 살았다. 무엇보다 기구한 개인사 속에서 마음의 병도 얻었다. 스트레스에 매우 취약한 성격이기도 하다.

반면 사고로 유명을 달리한 전처는 속이 깊고 대차고 따뜻한 사람이었다. 극심한 우울감에 빠진 나를 안타깝게 여긴 그녀는 정신분석 상담을 받아볼 것을 권했다. 그러나 도저히 내키지가 않았다. 마음 속 깊숙이 숨겨둔 나의 치부를 남에게 드러내보여야 한다는 것이 몹시 창피했다.

　　그렇게 지리멸렬하던 어느 날, 미8군에서 흘러나온 중고 원서(原書)를 판매하는 명동 뒷골목 책방을 지나치게 되었다. 우연히 하버드 의대의 허버트 벤슨(Herbert Benson) 박사가 쓴 『Relaxation Response(이완반응)』라는 책을 발견했다. 얄팍한 포켓북 수준이었다. 별다른 기대 없이 책장을 들췄는데, "간단한 마음 훈련으로 혈압과 맥박 심지어 근육의 긴장도까지도 낮출 수 있다"는 구절에 눈이 번쩍 뜨였다. 계속되는 심장이상으로 통증과 불안에 떨던 나에게는 그야말로 단비와 같은 글귀였다. 심각한 고혈압 때문에 병역의 의무도 면제받은 신세였다.

　　벤슨의 책을 만나던 무렵, 하비 콕스(Harvey Cox)라는 신학자가 쓴 『Turning East(동양 회귀)』라는 책과도 조우했다. 하비 콕스는 하버드대에서 신학을 가르치던 교수다. 1988년 타임지(誌)가 선정한 세계 10대 신학자 가운데 한 명일 만큼 명성이 높았다. 그는 미국이 월남전에서 패배한 이유가 서양인과 동양인의 세계관 차이 때문일 것이라는 독특한 견해를 내놓았다. "서양인은 합리적이고 분석적인 데 비해 동양인은 직관적이고 통찰적"이라며 동양의 사상과 종교에 찬사를 보냈다. 다소 비약이 있다는 느낌도 들었으나 동양의 저력에 대해 새삼 생각해보게 된 계기였던 것은 분명하다.

콕스의 책 덕분에 나 또한 동양의 학문과 문화에 대해 관심을 가지게 됐다. 내 또래의 지식인들이 다들 그러할 것이다. 서구의 과학문명을 무조건적으로 학습하고 받아들이며 정신적으로 그들의 지배를 받아왔다. 나 역시 동양의 정신을 미신 정도로 폄하해 왔다. 비과학적이고 패배주의적인 사고 때문에 서양의 식민지로 전락했다고 여겨왔다. 하지만 벤슨과 콕스의 저서로 동양에 대한 기존의 내 생각이 편견이었음을 자각했다.

동양 정신의 핵심 가운데 하나가 심신일여(心身一如)의 시각이다. 몸과 마음은 하나이며 서로 영향을 주고받는다는 뜻이다. 그즈음 예일대의 저명한 심리학자였던 밀러와 인도 출신의 디카라가 공동으로 진행한 연구 결과도 접했다. 흰쥐를 가지고 실험한 것인데, 흰쥐가 자신의 혈압을 임의로 조절할 수 있다는 소위 '장기학습(visceral learning)'이라 불리는 혁명적인 이론이었다. 어떻게 마음을 먹느냐에 따라 건강도 회복할 수 있다는 요지였다.

대학생 시절부터 나는 몸과 마음은 별개의 것이라고 철석같이 믿어왔다. 그러나 동양적 세계관과 마음수행의 효과에 대한 시야가 열리면서, 자율신경계의 반응은 임의로 조절될 수 없다는 서양의 의학적 상식에 회의감이 들었다. 자율신경계란 심장박동이나 소화작용과 같이, 우리의 의지와는 관계없이 독자적으로 움직이는 신체활동 시스템을 가리킨다.

특히 1974년 중국을 방문한 미국의 닉슨 대통령이 침술로 마취를 하고 심장병을 고친다는 중국의학에 놀랐다는 소식이나, 요가수행자나 기공사들이 수련에 힘입어 신체 기능을 자기 마음대로 통제한다는 신문기사를 접하면서 의심은 더욱 강렬해졌다. 몸과 마음은 둘이 아니라 하나가 아닐까?

심신일여(心身一如)에 대한 통찰과 함께, 내 인생에도 새로운 행보가 열렸다. 당시만 해도 명상수련이 신체에 미치는 영향을 과학적으로 규명한다는 것은, 국내의 심리학 현실에서 매우 생소한 일이었고 웃음거리나 될 만한 일이었다. 그만큼 학계의 전통이 서양과학 일변도였으며, 또 그런 이론을 증명하기 위해서는 고가의 장비와 거액의 연구비가 요구되는 작업이었다. 필요성은 절감했지만 열악한 여건 때문에 엄두를 내지 못하던 상황에서 절호의 기회가 찾아왔다.

영남대학교에 심리학과가 신설되면서 교수직을 제의받은 것이다. 당시 영남대 총장은 나의 은사이자 동향(同鄕)의 어른이었고, 인격적으로 존경받는 훌륭한 분이었다. 나는 "만약 동양의 도(道)를 정신생리학적으로 연구할 수 있는 환경을 만들어주신다면 함께 일하겠다"며 조건을 내걸었다. 스승은 나의 요구를 흔쾌히 들어주었다. 도전에 대한 열망으로 부풀었다. 결국 10년간 봉직해온 서울대를 떠나 1979년 3월 영남대 심리학과 초대 교수로 부임했다.

새로운 일터에서의 생활은 즐거웠고 보람찼다. 1989년 영남대 학생생활연구소장으로 일할 때 '현대인의 정신건강'이란 수업을 개설했다. 스트레스가 대중적인 이슈로 떠오르던 즈음이었다. 강의는 무려 한 학기에 3,000여 명의 학생이 수강할 만큼 인기가 좋았다. 학생들을 가르치면서 나 스스로도 배웠는데, 스트레스가 현대인에게 엄청난 영향력을 미친다는 사실을 깨달았다. 명상을 실제 환자치료에 응용하겠다고 결심을 굳힌 때다.

명상에는 크게 두 가지 방식이 있다. 먼저 집중명상. 마음을 어떤 특정한 대상에 집중해 산란한 마음을 안정시키는 방법이다. 내게 명상에 대한 영감을 최초로 불어넣어준 벤슨의 이완반응 명상이 대표적이다. 다른 하나는 마음챙김 명상이다. 마음을 지금 이 순간 이곳으로 데려와 깨어있도록 하는 것으로, 카밧진의 MBSR 프로그램이 매우 유명하다. 1990년대 초반부터 이미 서양의 의학과 심리학에서는 벤슨의 이완반응 명상과 카밧진의 마음챙김 명상을 심리치료 현장에 도입하고 있었다. 그야말로 양대 산맥이었다.

무엇보다 내 자신이 명상에 힘입어 목숨을 건졌다. 1995년은 최악의 여름으로 악명이 높았다. 숨이 턱턱 막히는 삼복더위에 러시아 극동지역에 산재한 항일독립운동 유적지를 탐방하는 역사여행에 동참하게 됐다. 땀을 뻘뻘 흘리며 오지를 둘러보던 와중 갑자기 협심증을 느꼈다. 앞서 밝혔듯 평소에도 순환기 계통이 좋지 않아 늘 고혈압과 싸워왔고 심장이상으로 병역까지 면제받은 사람이었다. 갑작스런 비상상황에 대한 공포감과 함께 심장을 쥐어

짜는 듯한 통증이 삽시간에 밀려왔다.

　말 한 마디 통하지 않는 이국땅이었다. 더구나 숨통과 더불어 말문이 막히면서 나는 아무에게도 도움을 청할 수 없었다. 머릿속에 하얗고 뿌연 터널이 보였고 이것이 죽음이구나, 생각했다. 일촉즉발의 상황에서 내가 의지할 수 있는 건 이완반응과 심호흡뿐이었다. 그동안 익혀왔던 국선도 호흡법을 떠올리곤 필사적으로 만트라 수행과 숨쉬기에 몰두했다. '관세음보살'과 '구활창생'을 암송하며 간절한 들숨과 날숨에 온몸을 맡긴 지 10분쯤 흘렀을까, 통증이 조금씩 완화되면서 신체기능이 정상으로 돌아왔다. 부처님은 절에만 있는 게 아니었다. 호흡이 관세음보살이었다.

마음의 괴로움이 몸을 망가뜨린다

고등학교 윤리 교과서를 보면 불교의 교리적 핵심은 사성제(四聖諦)와 팔정도(八正道)로 요약되어 있다. 붓다는 이를 통해 인생의 본질을 짚고 인생을 보다 행복하게 할 수 있는 방법을 제시했다. 일단 고(苦)·집(集)·멸(滅)·도(道)가 사성제다. 붓다는 누구에게나 삶은 괴로움이라고 진단했고(고), 괴로움의 원인은 집착이라고 봤다(집). 또한 이 집착이란 녀석을 끊어야만 행복을 이룰 수 있다면서(멸), 행복에 이르는 여덟 가지 바른 길을 가르쳤다(도).

정견(正見, 바른 견해), 정사유(正思惟, 바른 생각), 정어(正語, 바른 언어), 정업(正業, 바른 행동), 정명(正命, 바른 생활), 정정진(正精進, 바른 노력), 정념(正念, 바른 정신), 정정(正定, 바른 선정)이 그것이다. 앞서 밝혔듯 붓다가 지향한 궁극적인 목표는 괴로움의 소멸이다. 그러므로 팔정도가 이야기하는 '바름'이란 과학적·윤리적 진리라기보다는 모든 고통으로부터 해방된 상태다. 불교에서 말하는 악(惡)은 다른 무엇이 아닌 고통 그 자체다.

그리고 사성제의 '집제'에서 나타나듯 악의 근원은 집착이다. 그것이 탐욕이든 분노든 중생은 얻을 수 없는 것을 얻으려 애쓰고, 세월이 얼마 지나면 사라질 것들을 영원히 간직하려 아등바등하면서 끝내 인생을 그르친다. 곧 집착이란 우리 마음의 부정적 편향성을 가리킨다고 말할 수 있다. 팔정도 가운데 정념(正念)과 정정(正定)이 바로 명상의 기능과 이로움을 설명해주는 덕목이다. 부정적 편향성을 극복하기 위한 훈련이라고 정리할 수 있다.

'바쁘다', 현대인들의 심리적 특징을 한 마디로 표현한다면 이 것이겠다. 물론 부지런함에서 재물이 생기고 보람도 얻는 법이다. 정말 할 일이 많아서 바쁜 것이라면 그다지 문제될 게 없다. 그러나 사람들의 삶을 곰곰이 살펴보면 뚜렷한 이유와 목적이 있어서 바쁘다기보다는 자기도 모르게 무작정 바쁘다거나 남들이 바쁘니까 자기도 바빠야 한다는 강박관념에 사로잡혀 있는 듯하다. 그리고 무언가에 쫓기는 사람은 늘 불안과 긴장상태에 놓이게 마련이다. 불안감에서 벗어나기 위해 돈과 권력을 좇고 친구들을 만나 수다를 떨며 시간을 보내지만 궁극적인 번뇌는 좀처럼 가시지 않는다. 끝없는 쫓김, 그 악순환의 고리는 우리의 삶을 건강과 행복으로부터 점점 멀어지게 한다.

한국인의 사망 원인 절반은 암(27%) 그리고 심장병·뇌졸중을 포함한 순환기질병(23%)이다. 암과 순환기질환은 오랜 기간 잘못된 생활습관을 고치지 못하거나 스트레스에 효율적으로 대처하지 못해서 생기는 병이다. 스트레스를 비롯해 스트레스를 유발하는 생활은 만병의 근원인 동시에 우리의 행복지수를 급격하게 떨어뜨린다.

스트레스를 받지 않는 현대인은 없다. 스트레스는 정신뿐만 아니라 신체에도 해악을 끼친다. 마음에 오랫동안 쌓인 스트레스는 신경계·내분비계·면역계 등에 이상을 일으켜 질병을 초래한다. '화병'은 실제로 존재하는 것이다. 사람들은 스트레스와 같은 부정적 감정 곧 마음의 괴로움이 신체적 질병을 일으킨다는 사실을 오래 전부터 직감해 왔다.

스트레스가 몸을 망가뜨린다는 가설은 20세기 말에 이르러서 비로소 과학적으로 증명됐다. 이른바 '스트레스 의학'이라 불리는 '심리신경내분비면역학'은 1970년대 미국 로체스터 대학의 심리학자 로버트 아더(Robert Arthur)에 의해 창시됐다. 아더 박사는 흰쥐 실험을 통해 몸과 마음이 서로 연결돼 있다는 것을 입증했다.

그는 쥐에게 설탕물을 먹이면서 동시에 구토를 유발하는 약물을 주사했다. 즉 쥐가 설탕물을 구토제로 인식하게끔 유도한 것이다. 설탕물이 달콤해서 입맛엔 착착 들어맞는데 이상하게도 괴롭게 구역질을 반복해야 하는 상황에, 녀석들은 무척이나 난감했을 것이다. 더구나 조건반사가 형성된 쥐들은 이후 구토제를 주입하지 않고 설탕물만 먹였음에도 시름시름 앓다가 죽어갔다. 쥐의 사체를 부검해 보니 면역세포가 손상돼 있었다.

실제 화학적으로 해로운 자극이 아니었는데도 단순한 착각만으로 면역체계가 치명적인 타격을 입은 셈이다. 이 실험은 뇌-신경세포-면역세포로 이어지는 연결고리, 다시 말해 심리적인 요소가 몸의 건강에 직접적으로 영향을 미친다는 사실을 밝혀냄으로써 의학사에 새로운 이정표를 세웠다. 미국 심리학회가 발행하는 권위 있는 전문지인 『심리학회보(Psychological Bulletin)』는 2004년

호에서 마음과 면역 간의 상관관계를 주제로 한 논문 293편을 분석한 뒤 '스트레스가 면역력을 약화시킨다'고 최종적으로 결론을 내렸다.

암(癌)도 스트레스가 만든다. 여러 차례의 임상실험을 통해 규명됐다. 스트레스는 대뇌의 변연계에 영향을 미쳐 면역기능과 내분비기능을 억제시킨다. 이렇게 되면 굼떠진 면역세포가 암세포를 미리 잡아내지 못해 암세포가 쉽사리 증식하게 된다. 동맥경화도 마찬가지다. 스트레스는 아드레날린 또는 노어아드레날린과 같은 카테콜아민 계열의 호르몬 분비를 촉진한다. 이로 인해 혈관이 수축되고 자동적으로 혈압은 높아진다. 고혈압으로 혈관 내피세포가 상처를 입으면 콜레스테롤이 쌓이고 급기야 이것이 혈관을 막아버린다.

여기서 생기는 의문점. 누구나 똑같이 받는 것이 스트레스임에도, 어떤 사람은 암에 걸리고 어떤 사람은 암에 걸리지 않는 것일까. 개인차에 대한 해답은 인간이 비록 스트레스를 피할 수는 없어도 극복할 수는 있는 존재라는 인식에서 찾을 수 있다. 스트레스를 수용하고 대처하는 태도 여하에 따라 몸이 망가질 수도 그렇지 않을 수도 있다는 말이다. 그야말로 마음이 몸과 연결되어 있으므로, 나쁜 마음이 몸을 병들게 한다면 좋은 마음은 몸을 낫게도 하는 셈이다.

21세기 인류를 구원할 새로운 길

불편한 감정을 무조건 억압하거나 숨기기에 급급한 사람들이 있다. 겁이 나서다. 행여 스스로가 지질하고 나약해 보일까봐 그런다. 심리학자들은 이런 부류의 사람들을 '타입C'라고 명명한다. 이들은 매사에 자신의 속내나 주장을 웬만해선 노출하지 않는다. 또한 자기가 속한 집단에 매우 순종적이며 협조적이다.

우리는 '타입C'에 속하는 사람들을 '좋은 사람' 또는 '착한 사람'이라고 추켜세운다. 몇몇 얌체들은 그러면서 함부로 대한다. 그러나 정작 본인은 속이 타들어가게 마련이다. 감정을 억누르느라 몹시 괴로워한다. 불안감과 우울감, 억울함과 화남 등 부정적인 감정을 분출하지 않고 마음에 쌓아두면 결국엔 마음의 응어리로 발전하고 급기야 몸에 병을 야기한다. '타입C'에 속하는 사람들이 암에도 잘 걸린다.

유교적인 가부장중심주의에 오랫동안 짓눌려온 한국인에게 흔한 '화병'이 이런 경우다. 걸핏하면 쥐 잡듯이 잡는 시어머니 앞에서 며느리는 인간인데도 쥐며느리다. 소심한 부하직원은 못된 직장상사를 죽이고 싶어 하면서 스스로 죽어간다. 1차 병원 외래 환자의 80%가 스트레스성 질환자라는 견해도 있다.

스트레스를 극복하는 첫 번째 비결은 '수용'이다. 마음에 일어난 감정을 흔쾌히 받아들이고 솔직하게 드러내는 것이다. 고민거리가 있거나 창피한 일을 당했을 때, 믿음직한 가족이나 친구에게 허심탄회하게 털어놓고 나면 기분이 홀가분해지는 경험을 누구나 해봤을 것이다. 부정적인 감정을 억압하지 않고 덤덤히 인정하면서 밖으로 꺼내놓는 일은, 이를테면 마음의 '밸브'를 열어 탁한 감정을 배출해주는 것과 같다. 일단 밖으로 진솔하게 표현하기만 해도 스트레스는 급속도로 줄어든다. 그리고 진실한 고백이 심리치료의 핵심이다.

한편으론 굳이 남에게 하소연하는 것만이 능사는 아니다. 글쓰기를 통해 스스로에게 자신의 감정을 진솔하게 꺼내놓는 일도 스트레스 해소에 기여한다. 미국 텍사스대의 심리학자 페너 베이커(Penner Baker)는 실험 참가자들에게 매일 15분씩 자신의 삶을 괴롭혀온 정신적 외상(外傷) 곧 '트라우마'에 대한 느낌과 생각을 글로 쓰게 했다. 또 다른 그룹의 참가자들에게는 그저 일상적인 신변잡기를 기술하게 했다.

베이커 박사는 이후 수개월에 걸쳐 두 집단의 건강상태를 비교하면서 살펴봤다. 트라우마를 용기 있게 밖으로 끌어내어 기록한 집단이 병원을 찾는 횟수가, 일상사를 기록한 집단의 그것보다 유의미하게 감소했다는 사실을 밝혀냈다. 이들은 B형 간염의 항체 수준도 더 높았다. 고통을 회피하지 않고 당당하게 맞서며 고통의 본질을 통찰하는 일이 얼마나 중요한지를 시사하는 대목이다.

두 번째로는 친구의 중요성. 자기에게 우호적인 이들로부터 정서적인 지지를 받는 것 또한 스트레스 해소와 건강 증진에 도움이 된다. 미국 오하이오 대학은 2010년 277명의 유방암 환자들을 대상으로 한 치료지원 프로그램의 운영 결과를 발표했다. 11년 동안 그들의 행보를 추적한 결과, 치료지원 프로그램에서 스트레스 대처법을 배우고 따뜻한 위로를 받아온 환자들은 그렇지 않았던 환자들에 비해 평균 6개월을 더 살았다. 암의 재발률도 절반에 불과했다. 주지하다시피 '고독사'가 현대사회의 문제로 등장했다. 외로움은 질병의 주된 원인이다. 거꾸로 말하면 주변의 관심과 애정은 건강을 되찾아주는 묘약인 셈이다.

세 번째. 가장 중요하고도 확실한 스트레스 해소법은 바로 명상이다. 오늘날 미국을 중심으로 한 서양의학계에서는 남방불교의 위빠사나 수련법을 응용한 '마음챙김 명상(MBSR: Mindfulness-Based Stress Reduction)'으로 환자들을 치료하고 있다. 명상은 면역 기능의 향상을 비롯해 불안과 우울감의 감소, 뇌혈류 증가를 통한 불면증 개선, 혈압 강화 등의 다양한 의학적 효험을 가져다준다. 심리적 건강뿐만 아니라 신체적 건강도 거머쥘 수 있다.

예컨대 2007년 캐나다의 어느 대학병원은 유방암과 전립선암 환자 59명에게 8주간 MBSR을 가르쳤다. 그 후 1년간 그들의 건강상태를 추적 조사했는데, 명상을 한 사람은 그렇지 않은 사람들보다 심리적·생리적 스트레스 징후가 현저하게 줄어들었다. 혈압과 스트레스호르몬(코르티솔, Cortisol) 수치가 동시에 내려갔고 면역세포의 기능은 활성화됐다. 미국의 한 대학병원에서도 명상이 제2형 당뇨병 환자의 혈당 수준을 유의미하게 낮춘다는 사실을 밝혀냈다.

우리나라 의료계에서도 명상의 위력이 서서히 빛을 발하고 있다. 대학병원이나 심리클리닉에서 MBSR을 면역력 증강과 우울증 치료에 활용하고 있다. 나 역시 2004년부터 국내 최초로 내가 직접 운영하는 '마인드플러스' 명상수련센터에서 수백 명의 환자들을 한국형 MBSR 곧 K-MBSR을 적용해 돌보고 있다. 카톨릭 의대 강남성모병원과 공동으로 진행한 4년간의 연구에서도 진전된 치유결과를 관찰할 수 있었다. 사단법인 한국명상학회는 K-MBSR을 기반으로 명상치유전문가를 양성하고 있다. 이미 50여 명의 R급 전문가들은 전국 각지의 병원, 개인클리닉, 대기업의 명상센터, 각종 학교, 요양기관 등에서 K-MBSR을 기반으로 명상치유 활동을 하고 있다. 요컨대 명상은 21세기 인류를 구원할 새로운 길이다. K-MBSR이 K-POP만큼이나 주목받을 날을 기대해 본다.

스스로를 치유할 수 있는 위대한 능력

일체유심조(一切唯心造). 모든 것은 오직 마음이 만든다. 불교를 창시한 붓다의 가르침은 이 한 마디 문장으로 요약된다. 독립적인 실체로 존재하는 세계란 없으며 오로지 마음에 비친 환상일 뿐이다. 그러므로 생각의 내용과 크기가 곧 현실인 셈이다. 마음 밖에서는 아무 일도 일어나지 않는다.

현대과학은 이것이 사실임을 여러 측면에서 증명하고 있다. 최근 신경과학계에서는 '신경가소성(neural plasticity)'이란 개념을 주목하고 있다. 한 마디로 정리하면 머리를 쓰면 쓸수록 머리가 좋아진다는 것이다. 어떤 소리를 듣거나 어떤 생각을 할 때 뇌에는 미세한 변화가 일어난다. 당신이 이 책을 읽고 있는 순간에도 뇌의 회로는 움직인다. 쉽게 말해 감각적 혹은 정서적 경험이 뇌 안에 작은 흔적을 남기고 이러한 흔적들이 변화해 나가는 현상을 신경가소성이라 한다.

예를 들어 악기연주가 직업인 오케스트라 단원들의 뇌를 자기공명영상(MRI)으로 촬영해 분석해보면, 언어와 음악기능을 담당하는 '브로카 영역(Broca's Area)'이라는 뇌의 부위가 일반인에 비해 월등히 크다는 것을 알 수 있다. 아울러 점자를 익힌 맹인들은 점자를 인식하는 집게손가락을 지배하는 뇌 부위가 눈에 띌 만큼 크게 확장되어 있다.

　수학자를 대상으로 한 연구도 눈길을 끈다. 숫자와 계산에 평생을 바치는 그들의 경우, 추상적·분석적 사고를 맡은 뇌의 부위는 해마다 조금씩 커졌다. 가장 오래 수학을 공부한 사람이 가장 컸다. 영국 런던의 택시기사들에게서도 흥미로운 얘깃거리가 도출됐다. 그들은 비좁고 꼬불꼬불한 런던의 골목길을 손바닥 들여다보듯 훤히 꿰고 있다. 공간기억력을 담당하는 '해마'라는 뇌 부위가 보통 사람에 비해 훨씬 더 발달되어 있기 때문이다.

　이처럼 오랜 세월에 걸쳐 특정한 주제를 생각하거나 학습을 거듭하면 뇌는 그 주제에 특화되면서 구조적으로 바뀐다. 뇌가 바뀐다는 것은 1,000억 개 이상의 신경세포(뉴런)들이 서로 맞물리면서 새로운 연결고리를 끊임없이 생산해낸다는 뜻이다. 곧 뇌가 팽창한다는 말이다. 뇌도 흡사 근육처럼 쓰면 쓸수록 더 커지고 단단해지는 것이다.

　명상은 '마음의 근육'을 키우는 기술이라고들 말한다. 앞서 설명한 이치에 근거하면 명상과 같은 마음수련도 뇌의 구조를 쇄신하는 데 이바지하리라 유추해볼 수 있다. 위스콘신대학의 감성뇌과학 연구소장 리처드 데이비슨(Richard Davidson)은 수십 년에 걸쳐 첨단영상장비로 뇌 기능을 분석한 결과, '감정을 지배하는 뇌 반구'를 찾아냈다.

　가령 사람이 불안이나 분노, 우울과 같은 불쾌한 감정을 느낄 때는 우측 전전두피질(오른쪽 앞이마 바로 아래)이 활성화된다. 이에 반해 유쾌한 감정을 느낄 때는 좌측 전전두피질이 활성화된다. 우울증이나 불안장애 환자들의 뇌는 우측 전전두피질이 지나치게 민감하게 반응한다. 반대로 좌측 전전두피질이 활발하게 반응하는 이들은 낙천적이고 활기찬 성격의 소유자들이다.

무엇보다 티베트 스님들을 대상으로 한 데이비슨 박사의 실험이 획기적이었다. 그는 달라이 라마의 도움을 받아 수많은 승려들의 뇌를 검사했다. 짧게는 10년 길게는 50년 이상 명상을 지속해온 고수들이었다. 놀랍게도 이들 모두가 좌측 전전두피질이 활성화되어 있었다.

반면 격무로 인해 스트레스가 심한 생명공학회사 직원들의 뇌는 정반대였다. 우측 전전두피질이 좌측의 그것보다 훨씬 우세하게 반응했다. 그러나 1주일에 3시간씩 MBSR 수련을 실시하자, 8주 후 무게중심이 점차 왼쪽 반구로 옮겨갔다. 부정적인 기분이 개선됐으며 업무에 주인의식을 갖고 적극적으로 임하게 됐다. 면역기능도 향상됐다. 명상으로 인해 웃음과 함께 건강을 되찾은 것이다.

명상을 하면 뇌가 튼튼해진다는 사실을 규명한 또 하나의 사례가 있다. 하버드 의대의 심리학자 사라 레이저(Sarah Lazar) 박사는 주당 평균 6시간 동안 마음챙김(MBSR) 명상을 한 사람과 명상 경험이 없는 사람을 수년 동안에 걸쳐 지켜봤다. 이후 MRI 촬영으로 이들의 뇌 구조 차이를 조사했는데, 명상군은 통제군에 비해 섬피질, 대상회피질, 감각피질 그리고 전전두피질의 두께가

0.1~0.2mm 정도 더 두껍다는 사실이 드러났다.

　이들 뇌피질은 감각에 주의집중하고, 한 가지 생각을 지속하게 하고, 연민과 공감을 일으키는 기능을 하는 부분이다. 곧 레이저 박사의 연구결과는 명상수련을 거듭할수록 인지, 정서 그리고 행복감을 담당하는 뇌피질의 가소성이 증가돼 심신이 건강해지고 뇌의 노화도 막을 수 있다는 점을 보여준다. 또한 그는 명상을 하면 기분을 즐겁게 하는 신경전달물질인 세로토닌을 생성하는 신경세포체의 밀도가 늘어난다는 사실도 알아냈다. 명상이 행복과 사랑 같은 긍정적 감정을 촉진하고 학습능력도 높인다는 신경과학자들의 보고는 이외에도 수없이 많다.

　만약 오른손 다섯 손가락을 며칠간 반복적으로 구부리면 오른손 손가락을 지배하는 뇌 부위가 확장된다. 그 이유는 이 부위 뇌세포들의 연락망이 보다 촘촘해지기 때문이다. 반대로 이 운동을 그만두거나 왼손운동으로 바꾸면 오른손운동을 담당하는 뇌 부위는 다시 위축된다. 이렇듯 뇌는 방치하면 쇠퇴해지고 활발하게 움직이면 좋아지는 법이다. 궁극적으로 우리가 삶과 세상을 대하는 방식에 변화를 주면, 새로운 생각에 수반되는 뇌세포 사이의 연결이 보다 활성화된다. 재차 강조하건대 생각이 바뀌면 뇌가 바뀌는 것이다.

　인생은 결국 마음놀음이며 마음먹기에 따라 얼마든지 달라질 수 있다. 앞에서 살펴보았듯, 이는 과학적으로 입증된 덕담이다. 매사에 불평불만을 일삼는다면 뇌 역시 부정적인 생각과 감정을 처리하는 부위만 발달해갈 것이다. 더구나 비관적 사고는 급기야 우울증과 자살을 초래하는 악순환을 향해 치닫고 만다. 반면 삶에 대한 관점을 긍정적으로 변화시키면 뇌 역시 웃음과 익숙해질 것이다. 가장 위대한 혁명은 나로부터의 혁명이다.

딱 21일만 화 내지 않고 살아도 뇌가 완전히 딴판으로 바뀔 수 있다는 견해가 있다. 남을 비난하기 전에 이해하고, 험담하기 전에 격려하는 습관을 가져보자. 누군가에 대한 증오심의 근원은 열등감인 경우가 많다. 남을 엿보면서 질투하거나 부러워하기보다 나를 깊이 살펴보고 나만의 장점과 가치를 파악할 것을 권한다. '남에게 보이는 나'가 아닌 '있는 그대로 존재하는 나'에게 관심을 갖자. 스스로를 치유할 수 있는 위대한 능력을 가지게 될 것이다.

뇌에 관한 기본지식

인간의 뇌는 흡사 연두부처럼 말랑말랑한 조직이다. 무게는 1.4~1.5kg 정도. 흔히 머리에 꿀밤만 맞아도 뇌세포가 수백 개쯤은 죽었겠다고 농담을 주고받는다. 그만큼 뇌세포가 셀 수 없이 많다는 의미다. 실제로 자그마치 1조1,000억 개다. 뇌세포 가운데 신경세포인 뉴런(neuron)이 1,000억 개 정도이며, 나머지는 뉴런의 10배에 달하는 신경교(神經膠)세포다. 영어로는 뉴로글리아(neuroglia)라고 한다. 뉴로글리아는 마치 아교풀처럼 끈적끈적한 성질을 지녔는데 뉴런을 보조하고 지지하는 세포다.

하나의 뉴런은 평균 5,000개의 다른 뉴런들과 연결되어 정보를 전달한다. 뉴런과 뉴런이 접합되는 부분을 시냅스(synapse)라고 하는데, 신경세포들은 시냅스를 통해 신경전달물질을 받아들인다. 그리고 신경전달물질의 특성에 따라 뉴런이 어떤 식으로 움직일지가 결정된다. 시냅스로부터 신호를 받은 뉴런은 다른 뉴런에게 그 신호를 전달한다. 뉴런은 평균적으로 1초에 적게는 5번에서 많게는 50번씩 작동된다.

정신작용이란 뉴런과 뉴런 사이의 상호작용이다. 대개 몇 초 동안 지속되는 시냅스의 형성과 해체에 따른 뉴런의 일시적인 협동의 결과가 정신현상이다. 한편 뉴런의 상호작용은 기억이라는 장기적인 결과물을 만들어내기도 한다. 뉴런이 정신활동을 지속하면 뉴런과 뉴런 사이의 연결고리가 강화되어 장시간 유지되는 신경회로가 형성된다. 이는 마치 개울물의 소용돌이와 비슷한 행태를 지니는데 이것이 바로 기억의 기초다.

그리고 우리는 정보의 저장인 기억을 바탕으로 판단하고 추론하고 해석하면서 한결 고등한 정신능력을 발휘한다.

뇌의 무게는 전체 몸무게의 2% 남짓에 불과하다. 그럼에도 우리 몸으로 흡입되고 생산되는 산소와 포도당의 20~25%를 사용한다. 뇌세포는 다른 신체기관의 체세포에 비해 무려 10배나 많은 에너지를 소비하는 것이다. 뇌가 우리 몸에서 차지하는 절대적인 입지를 보여주는 증거다.

무엇보다 1,000억 개에 달하는 뉴런의 조합이 만들어낼 수 있는 경우의 수는 10의 100만 제곱이다. 천문학적인 범위를 넘어 우리가 아예 상상할 수도 없는 어마어마한 양이다. 우주에 존재하는 원자의 숫자가 10의 80제곱에 지나지 않는다는 사실을 떠올리면 더욱 경이적일 따름이다.

요컨대 뇌가 만들어가는 정신세계의 규모는 눈에 보이는 대상세계의 규모를 압도한다. 곧 마음이 세상을 변혁하고 심지어 창조한다는 가설의 근거인 셈이다. 결론적으로 마음먹기에 따라 세상은 얼마든지 달라질 수 있다는 것이다. 더불어 나의 식견도 나의 인격도 무한히 성장할 수 있다. 뇌는 불교에서 말하는 '부처가 될 성품' 곧 불성(佛性)에 필적한다. 머리가 돌아가는 한, 우리는 부처님 못지않은 지혜와 자비를 발휘할 가능성을 갖는다. 무엇을 상상하든, 그 이상을 이룰 수 있을 것이다.

chapter 2.

나는 외톨이에 왕따였다

•

하나를 가진
사람은 곧 두 개를
갖고 싶어 한다.
두 개를 원하는
순간, 이미 그는
지옥문을 열어버린
것이다.

—

뒤좀 린포체

외로움의 대물림

지그문트 프로이트(Sigmund Freud)는 정신분석학의 대부다. 그가 주창한 오이디푸스 콤플렉스(Oedipus Complex)는 유명하다. 유아기의 본능적 욕망과 목표, 대상에 대한 공포와 동일시 등이 마구 뒤섞인 복합적인 감정을 가리키는 용어다. 쉽게 말해 아동은 자기와 반대의 성(性)을 지닌 부모와 성적으로 결합하려고 애쓰는 한편 동성의 부모는 죽기를 바란다. 아들은 어머니를 독차지하기 위해 아버지를 죽이고 싶어 하고, 딸은 아버지와의 결혼을 원하며 어머니가 사라지기를 빈다는 것이다.

그러나 아들의 경우, 자신보다 몸집도 크고 절대적인 존재인 아버지에게 열등감과 좌절감을 느낄 뿐이다. 위협을 느낀 아이는 어머니에 대한 소유욕을 포기하고 아버지를 수용함으로써 타협한다. 절대다수의 아이들은 이토록 위험한 발상을 무의식에 묻어두고 사회의 건강한 구성원으로 성장한다는 게 프로이트의 이론이다. 물론 이런 '발칙한' 상상은 소멸하는 것이 아니라 다만 은폐될 뿐이다. 무의식에 자리한 '욕동(慾動)'은 성장과정 속에서 여러 가지 정신병리적인 현상으로 발현된다.

오이디푸스 콤플렉스가 발흥하는 시기는 대략 생후 2년에서 2년 6개월 사이로 본다. '세 살 버릇 여든 간다'는 속담은 어쩌면 프로이트보다 훨씬 오래 전에 우리 조상들이 발견해낸 오이디푸스 콤플렉스일지 모른다. 어린 시절의 경험은 한 평생을 좌우하는 성격의 바탕이 된다. 이러한 화두를 동물실험을 통해 과학적으로 검증한 것이 나의 박사학위 논문이었다.

자기의 진면목을 알고 싶다면 자기가 걸어온 삶의 자취와 의미를 밝혀내야 한다는 게 평소 지론이다. 이 책의 지면을 빌려 나의 머나먼 과거를 소상히 드러내려 한다. 이것이 나를 이해하고 나아가 우리 모두의 삶을 이해하는 데 도움이 되리라 여기기 때문이다. 평계 없는 무덤 없고 사연 없는 인생 없다.

나는 인동 장(張) 씨 진평파 31대손이다. 1942년 4월 14일 경북 칠곡군 복삼읍 율동에서 태어났다. 일본의 진주만 기습으로 촉발된 태평양전쟁이 시작된 이듬해였다. 집안은 대대로 벼슬을 지냈다. 할아버지는 일찍이 개명한 인물이었다. 신식학교인 한성외국어학교에서 공부했고 중국에도 잠시 유학해 중국어에 능통했다.

무엇보다 우리나라 최초의 '로스쿨' 출신이다. 보성법률전문학교 1기생으로, 1907년 졸업과 함께 대한제국 법부가 최초로 실시한 변호사 시험에서 6명의 합격자 중 2위로 합격하여 대한제국 제2호 변호사가 되었다. 이듬해엔 함경도 북청의 판사로 임용됐다. 민족교육의 선각자이기도 했다. 경상도 출신 계몽운동가들과 함께 근대식 학교 설립을 위한 발기인 모임을 결성하고 실무를 맡아 「교남교육회잡지」를 발간했다. 그러나 1910년 경술국치로 나라가 망하면서 당신과 뜻을 함께 했던 사람들은 뿔뿔이 흩어지고 말았다.

일제의 본격적인 지배가 시작되면서 판사직을 그만두고 칠곡으로 낙향했다. 곧장 도시로 진출해 대구에서 변호사 사무실을 개업하고 일제의 학정에 시달리는 백성들을 법률적으로 도왔다. 특히 동양척식주식회사를 앞세워 등기가 되어있지 않은 조선인들의 토지를 강탈해가던 총독부에 맞서 크게 활약했다. 그렇게 대구에서 가장 유명한 변호사로 승승장구하던 조부는 1928년 날개가 꺾이고 말았다. 금광 개발에 손을 댔다가 막대한 손해를 본 것이다.

가세가 급격히 기울면서 깊이 상심한 당신은 변호사 일을 접고 다시 고향으로 돌아왔다. 당시 9살이었던 아버지도 할아버지의 손을 잡고 시골에 내려와 그곳의 초등학교에 입학했다고 한다. 멋들어지게 말려 올라간 새하얀 카이저수염과 언제나 단정한 복장, 나긋나긋한 말투 등이 나의 뇌리에 박힌 할아버지에 대한 기억이다.

조상들의 비문(碑文)을 손수 쓰셨고 근동의 주민들이 할아버지의 인품을 칭송하던 이야기를 어릴 때부터 들어왔다. 그러나 커다란 실패를 경험하고 시름시름 앓던 할아버지는 광복된 이듬해인 1946년 돌아가셨다. 일본의 압제에서 벗어나 조국에 새로운 정부가 들어서면, 원로 법조인으로서 큰일을 하겠다던 포부도 물거

품이 돼버렸다.

아버지는 독자(獨子)였다. 할아버지는 나이 서른일곱에 느지막이 얻은 아들을 금지옥엽으로 대했다. 집안형편도 넉넉해 유모와 침모(針母)까지 둘 정도였다. 그러나 할아버지의 금광업 실패는 가문을 위기로 몰아넣었다. 하루아침에 턱없이 가난해졌다. 어느 날 갑자기 시골의 작은 학교로 전학해야 했던 아버지의 충격은 이루 말할 수 없었을 것이다. 더구나 형제자매도 없어 외로움을 많이 타던 성격이었다.

부유한 가정에서 귀한 외동아들로 자라다가 졸지에 집안이 망했으니, 어린 나이에 좌절감과 불안감이 매우 컸을 것이다. 수원고등농림학교(서울대 농대 전신) 시험에도 두 번이나 떨어졌다. 학과 필기시험에는 붙고도, 늘 면접에서 고배를 마셨다. 기독교 계통의 중학교를 다녔는데 이게 '황국신민(皇國臣民)'의 조건에 적합하지 않다는, 어처구니없는 이유 때문이었다.

그러나 워낙에 타고난 수재였다. 아버지는 굴하지 않고 일본 동경농업대학에 합격했다. 그러나 경제적 사정으로 인한 할머니의 간곡한 만류로 유학을 포기해야 했다. 초등학교 교사에 임용되면서 아버지는 한미한 선비로 이러구러 살아갔다. 아버지는 열심히 사셨지만 불운하게 사셨다.

한편으론 무너진 집안을 다시 일으키기 위해 피땀을 흘렸지만 행운은 끝내 답해주지 않았다. 황무지를 개간해 일군, 무럭무럭 커가던 사과밭은 6.25사변 당시 미군의 폭격으로 쑥대밭이 됐다. 어려운 형편에도 무리하다시피 투자했던 양계업도 일찍 접어야 했다. 손대는 일마다 뜻을 이루지 못했지만, 교육자로서는 성공했다. 자연을 사랑하고 생명을 소중히 여기는 참으로 따뜻한 분이었다. 근면과 절제도 몸에 배였다. 어머니 앞에서 평생 단 한 번도 목소리를 높이지 않고 공대했다.

자식들에게도 한없이 인자하고 관대했다. 집 밖에서도 따르는 이가 많았다. 한번은 아버지가 전근을 간다는 소식을 듣자 학생들과 학부모가 몰려와 당신을 그 학교에 그대로 주저앉혔다. 그만큼 지역에서의 신망도 두터웠다. 자신에게는 철저히 엄격했지만 남에게는 한없이 친절했던 아버지를 주변 사람들은 '한국의 페스탈로치'라 칭찬했다.

교장도 해보았고, 교육자로서 최고의 훈장인 목련장도 받았다. 시련과 곡절이 많았으나, 그런 대로 성공한 삶이었다고 말할 수 있다. 하지만 인자한 미소 속에 감춰진 씁쓸한 고독을 나는 여전히 잊을 수가 없다. 그리고 선량하고 영민했으나 시대가 도와주지 않은 아버지의 뿌리 깊은 상처와 불운은, 내게도 고스란히 대물림됐다.

전쟁이 남긴 혹독한 기억

나와 연배가 비슷한 한국인이라면, 누구나 기억의 깊은 한가운데에 전쟁이 자리하고 있을 것이다. 초등학교 3학년 1학기가 끝날 즈음 6.25가 터졌다. 적군의 진격은 파죽지세였고 아군의 방어선은 한 달 만에 낙동강까지 밀렸다. 7월 30일경 내 고향에도 주민이나 물자 등을 분산시키는 소개령(疏開令)이 떨어졌다.

우리 집은 경북 왜관에서 북서쪽으로 낙동강 너머 조금 떨어진 곳에 있었다. 대소가의 식구가 워낙 많아 한꺼번에 남하하지 못했다. 아버지가 먼저 아이와 여인들을 인솔해 나룻배로 낙동강을 건너기로 했다. 나머지 사람들은 소달구지에 가재도구를 싣고 뒤따라오기로 했다. 그러나 배편은 이미 끊기고 다리마저 폭파돼 우리는 오갈 데 없는 상황이 되어버렸다. 급한 대로 집안의 선산에 있는 제실(祭室)로 몸을 피했는데 기어이 사달이 나고 말았다.

땔감도 구하고 좀 더 안전한 피난처를 물색하려 뒷산으로 올라갔던 아버지가 마을을 점령한 인민군 수색대에 붙잡힌 것이다. 본부로 끌려간 아버지는 그들로부터 국군 간첩으로 오해를 받았다. 농민들처럼 손이 투박하지도 않은 데다, 품에서 학생증이 나왔고 지역주민도 아니었기 때문이다. 군인들은 아버지의 가슴에 총을 겨누고 즉결처분하겠다고 위협했다.

어머니는 무리에서 계급이 가장 높아 보이는 군인에게 매달려 울며불며 사정했다. 어머니가 20리나 떨어진 고향 면사무소까지 뛰어가서 신원확인서를 떼어온 뒤에야, 아버지는 무혐의로 풀려날 수 있었다. 어머니가 돌아오기 전까지 아버지는 포박당한 채로 창고 안에 구금돼 하룻밤을 보냈다. 나는 그 긴 밤을 창고 앞에 쪼그리고 앉아 혼자 울었다.

피난길은 사선(死線)이었다. 갑자기 하늘에서 무스탕 전투기가 여러 대 나타났다. 무서운 비행기들은 기관총을 난사했고 폭탄을 투하해 눈앞에 보이던 건물을 순식간에 불태웠다. 인민군이 주둔하던 초등학교 교사(校舍)였다. 부리나케 콩밭으로 달려가 숨었다. 빗발치는 총탄이 내가 엎드린 바로 옆으로 떨어지기도 했다. 기총소사의 공포는 여전히 머릿속에 선명하다. 수많은 군인과 민간인이 비명을 지르며 이리저리 뛰던 장면도 잊을 수 없다. 그때 나는 화물을 묶을 때 쓰는 쇠줄을 장난감 삼아 움켜쥐고 있었다. 기관총 총알이 쇠줄을 맞혀 손에서 튕겨나갔다. 하늘이 도왔다.

폭격이 잠시나마 멈추면서 우리는 고향집으로 돌아왔다. 8월 14일쯤이었던 것 같다. 그동안 집에 눌러계셨던 할머니는 무사하셨다. 인민군들이 노인들에게만은 먹을 것을 주고 특별히 대접했다고 했다. 우리 동네는 근방에서 보기 드물게 부촌이어서 인민군 사단 사령부가 주둔했다.

다만 낙동강을 건너기 위한 뗏목을 만들겠다고, 동네에 있는 문짝이란 문짝은 모두 떼어가 버렸다. 심지어 면사무소 창고에 보관돼 있던 수만 장의 가마니도 도하작전을 위해 몽땅 쓸어갔다. 나는 또래의 동네아이들과 함께 인민군 장교한테 불려가 노래를 배우기도 했다. "장백산 줄기줄기…"로 시작하는 노랫말이었다. 김일성을 찬양하는 노래였음을 수십 년이 지난 후에야 알게 됐다.

그 이후로도 두어 차례 더 대공습을 만났다. 1950년 8월 16일 왜관 폭격은 바로 우리 동네가 목표 지점이었다. 역사적으로도 악명이 높다. B-29기(機) 98대가 30분 동안 500파운드 폭탄 3,084발, 1,000파운드 폭탄 150발을 지상으로 내리꽂았다. 제2차 세계대전의 전황을 바꾼 노르망디 상륙작전 이후 최대의 작전이라던 그 참화를, 나는 실시간으로 목격했다.

집집마다 적게는 한두 명 많게는 대여섯 명씩 죽거나 다쳤다. 내 혈육도 예외가 아니었다. 큰집에서는 2명이, 작은집에서는 4명이 폭사하거나 중상을 입었다. 돌아가신 분들을 가매장하고 다시 전선에서 더 먼 곳으로 피난했다. 어미를 잃고 울부짖는 아이도 보았고 몸뚱이가 절반 이상 날아간 시체들도 보았다.

아직 영글지 않은 풋콩과 고구마로 달포를 버텼다. 당시 우리 가족이 피난한 곳은 현재의 성주 사드 포대가 배치된 근방이었다. 이후 9월 15일 인천상륙작전의 성공으로 국군과 연합군이 대대적인 반격에 나섰다. 이번엔 아군 때문에 몸살을 앓았다. 동네에 남아있던 젊은이들은 국군이 탈환한 마을에서 인민군 잔당으로 몰려 수용소로 끌려갔다. 쌀뒤주 속에 숨어있던 아버지는 겨우 위기를 모면했다. 그 혹독한 시절을 어떻게 살아냈는지 나도 모르겠다. 어쨌든, 살아냈다.

1951년 이른 봄 전선(戰線)은 38선 부근에서 고착됐다. 인민군이 물러나면서 나는 고향의 학교로 돌아올 수 있었다. 정확히 말하면 학교는 없었고 터만 있었다. 불타버린 학교를 다시 짓는다고, 학생들은 흙벽돌을 손수 만들었다. 5학년은 500장을 6학년은 600장을 매일 만들었다. 봄이면 송충이를 잡으러 야산으로 다녔고 가을이면 겨울을 보낼 땔감을 마련하기 위해 먼 산까지 다녔다.

수업료를 못 내서 학교를 그만두는 학생들이 많았다. 6학년에 올라간 1953년에서야 흙벽돌로 지은 초가집 임시 교사가 완성됐다. 그나마 비바람은 피할 수 있게 됐다. 책상과 의자는 없었다. 땅바닥에 가마니를 깔고 수업을 들었다. 학교가 파하면 지게를 지고 저문 길로 나섰다. 내가 날마다 나무를 하지 않으면 식구들이 밥을 지어먹을 수가 없었다.

몸서리처지는 고독의 트라우마

아마 네 살 때쯤이었을 것이다. 무슨 잘못을 저질렀는지는 모르
겠다. 좁고 캄캄한 벽장 속에 갇힌 채 나는 엉엉 울었다. 이 기억
이 어린 시절 나의 첫 기억이다. 다섯 살 때는 마을에 콜레라가 창
궐해 사람들이 많이 죽었다. 어른들은 개천에 모아둔 시신에 불
을 지른 뒤 술을 마시러 갔다. 그해 겨울엔 미친개에게 다리를 물
렸다. 광견병 치료를 위해 황급히 상경했다. 혜화동로터리 서울여
자의전 병원에 척수주사를 맞으러 다녔다. 서울 외삼촌댁에 한 달
정도 머물렀다. 보호자로 따라나선 어머니는 서울 가는 길의 기
차역을 순서대로 다 외우는 어린 아들을 보고 뿌듯해했다. 여섯
살 때는 겨울이었는데 어느 날 대구 고모님 댁에 놀러갔다. 아침
을 먹은 뒤 혼자 동네에서 놀고 있었다. 멀끔한 차림새의 사내가
과자를 사준다 해서 따라나섰다가 외투를 빼앗기고 버려졌다. 사
실상 유괴였다. 이런 무시무시한 기억의 편린들이 내 어린 시절의
기억창고 속에 빼곡히 담겨 있다.

마르셀 프루스트(Marcel Proust)의 『잃어버린 시간을 찾아서』
는 기억에 관한 대하소설이다. 전체 13권 분량에 달하는 책에서
저자는 무의식의 뒤편에 숨은 온갖 자질구레한 기억을 복원해냈
다. 난해하기로 유명한 책이기도 하다. 되살려낸 기억이 몹시 개

인적이고 사소하고 내밀해서 제3자는 쉽사리 이해하거나 공감하기 어려운 탓이다.

다만 잘 읽히든 읽히지 않든 독서의 난이도와는 무관하게, 적어도 글쓴이 자신에게는 매우 유효한 작업이다. 기억은 정체성의 근본이다. 기억력의 증진은 모든 의미와 가치를 필연적으로 말살시키고 마는 시간의 폭력에 맞선다. 우리가 역사를 배우는 이유도 이와 같다. 미래에 대한 해답은 과거가 알고 있다.

남들보다 한 살 일찍 초등학교에 입학했다. 동급생들은 나보다 한두 살씩 위였고 그만큼 덩치도 컸다. 번번이 놀림을 당하거나 두들겨 맞았다. '아무리 아이라도 무서우려면 한껏 무서울 수 있구나', 절감했다. 이때부터 내게 '친구'라는 개념은 다정한 존재가 아니라 위협적인 존재로 각인됐다.

또래들을 슬금슬금 피해 다니는 게 버릇이 돼버렸고, 또래와 경쟁하거나 협조하는 놀이에는 전혀 참석하지 않았다. 더불어 육체의 열등함을 상쇄할 수 있는 방법은 정신의 단련임을 어린 나이에 깨쳤다. '내가 살아남을 수 있는 길은 오직 공부를 잘해 선생님과 부모님으로부터 인정받고 사랑받는 것뿐이구나', 직감했다. 공부는 그럭저럭 잘 했으나 즐겁지는 않았다.

6학년 때 휴전협정이 맺어졌다. 어느 날 담임선생님이 도내 학력경시대회에서 내가 우리 학교 대표로 뽑혔다고 말했다. 군 소재지가 있는 왜관으로 시험을 치러 갔다. 운이 좋았는지 교육감상을 받았다. 한자 옥편도 부상으로 쥐어졌다. 졸업할 때는 후배들의 송사에 대한 답사를 읽었다. 최고 우등생 상장을 손에 든 채였다. 쑥스럽지만, 아무튼 학교를 대표하는 학생이었다.

지금도 나를 기억하는 동창생들은 "몸에서 오직 눈만 컸던 땅꼬마가 공부 하나는 잘했다"고 놀려댄다는 전언이다. 하지만 심리학을 전공하면서, 학습지능보다 정서지능이 인생의 성장이나 행복에 더 중요하다는 것을 깨달았다. 그래서 이제는 아들딸과 손주들에게, 공부만 열심히 하기보다는 친구들과 잘 어울리고 잘 놀 것을 권하는 편이다. 혼자 열심히 고민한다고 인격이 성숙해지는 것은 아니다. 타인들과의 원만한 관계형성이 핵심이다.

1970년대 후반은 범국가적으로 산아제한 캠페인이 벌어지던 시대다. 웬만하면 낳지 말자는 취지의 표어로 처음에는 "두 자녀만 낳아 잘 기르자"더니 나중엔 "둘도 많다, 한 자녀만 낳아 잘 기르자"로 부모들을 조였다. 지독한 저출산 분위기로 인해 대통령까지 나서서 제발 아이 좀 낳아달라고 호소하는 요즘에 비하면, 그야말로 격세지감이다.

하기야 가난한 살림에 식구(食口)만 가득한 가정이 부지기수이니, 군입을 줄이기 위한 국가 차원의 노력은 충분히 동의할 만했다. 그러나 심리학자인 나로서는 당시의 고강도 인구감축정책을 상당히 걱정스럽게 바라봤다. 어린 시절 애착의 대상 없이 홀로 성장하면 사회성 발달에 큰 장애가 생긴다는 걸 알고 있었기 때문이다.

나 역시 내 유년기와 소년기의 가장 큰 문제는 외톨이 경험이었다고 뼈저리게 실감한다. 이즈막의 젊은이들은 고질적인 취업난으로 인해 결혼은커녕 연애조차 엄두를 못 내는 형편이다. 막상 가정을 꾸리더라도 자녀를 두지 않거나 한 명만 낳으려는 경향을 보인다. 그러나 아무리 봐도 한 자녀만 양육하려는 생각은 적어도 아이의 입장에선 매우 바람직하지 못하다. 또래와의 사회적 관계를 학습할 수 없어 심리적 고아가 될 확률이 높고, 이러한 성격적 특성은 훗날 학교생활과 조직생활에서도 암울한 영향을 미치기 십상이다.

나의 박사학위 논문주제는 '격리성장과 행동장애'였다. 내가 실제로 격리성장을 한 까닭이다. 무리와 섞이지 못하고 외롭게 자란 유년시절의 아픔이 오랫동안 뇌리에 박힌 결과다. 그만큼 고독의 체험은 뼈저린 트라우마로 자리했다. 한참 자라나는 어린 짐승이 동료 없이 혼자 생활하게 되면 인지적으로나 정서적으로 어떻게 변화하는지를 실험하고 살펴보고 기록했다.

결국 격리성장한 동물은 공간기억능력이 요구되는 미로 학습이나 전기충격을 재빠르게 피해야 하는 조건회피 학습에서 상당히 뒤떨어진 수행을 보인다는 쓸쓸한 발견을 했다. 격리성장한 동물들은 뇌 부위에 이상이 생겼거나 신경전달물질의 대사기능이 정상적으로 작동하지 않는다는 것을 밝혀냈다.

반면 격리성장한 동물들은 낯선 동물과 마주칠 때 지나친 과민성과 과격한 공격성을 드러냈다. 그러면서도 집단성장한 동물에 비해 자기와 동일한 종의 동물과 붙어있고자 하는 집착이 훨씬 강했다. 결론적으로 혼자 있을 때는 삶이 무기력했고, 같이 있을 때는 상대를 두려워하면서도 의지하려는 양면적 반응을 나타낸 것이다. 사랑할 마음은 갖고 있지만 사랑하는 방법을 몰라 자꾸만 세상과 멀어지는, 회피성 성격장애의 전형인 셈이다.

사람도 마찬가지다. 청소년의 자살과 학교폭력 같은 과잉 공격성 문제, 분노조절장애와 불안과 우울증과 같은 심리적 적응상의 문제, 주의집중장애와 과잉행동 증후군 같은 학습저조 문제 등이 연일 우리 사회를 달구고 있다. 어린 시절 사회 환경 경험의 왜곡은 뇌세포의 성장과 뇌신경의 회로 형성에 악영향을 끼친다. 관계성의 결핍은 다음과 같은 연쇄적 반응을 일으킨다. 다시 말해 관계능력 자체가 떨어지니 타인과 교감하는 능력 또한 떨어지고, 그래서 세상을 혐오하게 되고, 혐오의 감정이 쌓이다 보니 끝내 충동적인 일탈행위를 저지르면서 나와 남의 인생을 동시에 망치고 마는 것이다.

나는 격리성장과 관련해서 20여 편의 논문을 국내외 학술지에 발표했다. 이 논문들과 학위논문을 묶어 『격리성장과 행동장애』라는 단행본도 출간했다. 격리성장에 관한 기초 과학연구로서는 세계적인 성과를 냈다고 자부한다.

나는 어릴 적 주변의 어른들로부터 분에 넘치는 사랑을 받았다. 일단 집안의 배경이 컸다. 판사와 변호사를 했던 할아버지와 고등학교 선생님으로 근무하는 아버지는 지역 유지 대접을 받았다. 왜소하고 볼품없는 아이였지만 어찌 됐든 시험만 치면 좋은 성적을 내니, 선생님들은 나를 똑똑한 아이라며 지지하고 아껴줬다. 그렇다고 어른들의 세계에서 인정받았다고 해서 그들의 세계에 진입하여 통솔할 수 있는 권리는 주어지지 않았다. 나는 그저 어른들의 장식품에 불과했다.

더구나 공부를 제외한 모든 분야에서 나는 젬병이었다. 달리기, 씨름, 팽이치기, 딱지치기, 구슬치기 등등 아무 것도 잘하지 못했다. 아이들만의 세계에서는 언제나 꼴찌 수준이었던 것이다. 그래서 친구들과 신체적으로 겨루는 일은 애초에 포기하는 것이 습관이 되어버렸다. 중학교에 진학해선 짓궂은 선배들이 나보다 훨씬 더 덩치가 크고 힘이 센 급우와 싸움을 붙인 적이 있다. 결과는 뻔했다. 피투성이가 되어서 맛본 굴욕감은 여전히 잊을 수가 없다. 집에서 떠나와 객지에서 하숙을 하던 시절이다. 정말 서러웠고 외로웠으며, 동료 친구가 무서웠다.

소년, 불교를 만나다

남존여비의 체제 아래서, 내 어머니는 정규교육을 받지 못했다. 그래도 천재였다. 처녀 때부터 책읽기를 좋아해서, 사랑채 골방에 숨어 소설책과 역사책을 닥치는 대로 탐독했다고 한다. 무엇보다 기억력이 발군이었다. 우리말로 된 불경을 거의 다 외웠다. 스님들도 혀를 내두를 정도였다. 대구로 이사 온 뒤 어머니는 근처의 절을 하루도 빠짐없이 찾아 예불하고 기도했다. 70대의 고령에도 해인사 원당암에서 100일씩 걸리는 여름 하안거와 겨울 동안거에 꼬박꼬박 참여하신 분이다. 고등학교 시절 나는 새벽 3시부터 시작되는 어머니의 독경(讀經) 소리를 들으면서 일어났다. 나의 불심도 그때 싹텄다.

어머니는 천석꾼의 맏딸이었다. 그럼에도 인자했다. 자신에게는 철저히 아끼면서도 남에게는 한없이 퍼주던 성정을 지녔다. 양계장 운영이 시원치 않아 별다른 수입이 없었음에도 동네의 불우이웃에게 계란을 쥐어주고 국수와 닭개장을 끓여주던 기억이 여전히 선연하다. 모친의 보시는 평생토록 이어졌다. 살아있는 보살이었다고 영전에 말씀드리고 싶다. 나는 어머니의 순박하고 넉넉한 성품을 본받으려 지금도 애쓰고 있다.

1957년 고등학교에 진학했다. 집안 사정으로 중학교를 세 번이나 옮겨 다녔던 터라, 고등학교만큼은 한 곳에서 안정적으로 마치고 싶었다. 특차로 학생을 선발하는 경북대 사범대학 부속고등학교를 목표로 잡았다. 박정희 대통령이 졸업한 대구사범학교의 후신으로 지역 최고의 명문이었다. 운이 좋았는지 엄청 높은 경쟁률을 뚫고 합격했다. 스스로도 대견하게 입학은 했지만 그것은 시작일 뿐이었다. 대구, 경북, 경남에서 내로라하는 인재들이 죄다 모였다. 피 말리는 경쟁에 시달려야 했다.

특히 수학이 너무나 싫었다. 시험성적은 늘 바닥을 기었다. 나이 일흔이 넘은 지금까지도 수학을 잘 하는 사람들을 보면 경이감을 갖는다. 수학에만 멍청했던 것도 아니다. 생물 과목을 제외하고 기하, 물리, 화학 등 이과 과목 전부가 통째로 최하위권 수준이었다. 다행히 국어, 영어, 역사, 사회, 지리 등 문과 과목에선 상위권이었다. 공부하기도 쉬웠고 이해도 빨랐고 성적도 좋았다. 진로는 자연스럽게 인문계로 정해졌다.

수재들 틈에서 학과공부를 따라가는 데 급급해 하면서도 인생의 의미에 대한 호기심만큼은 남달랐다. 인근에 있는 사찰에서 어느 스님과 인연을 맺었다. 어머니와 본관이 같았고 어머니가 소개해주었다. 철학과 대학원생이었다. 내가 절대적으로 신뢰하는 분이 다리를 놓아주어서인지, 스님이 친형처럼 친근하게 느껴졌다. 당신은 방학 때마다 지리산 토굴에 머물며 수행 정진했는데, 개학을 하면 내게 그때의 경험을 자주 들려주었다. 삶, 죽음, 무상(無常) 등을 주제로 형이상학적인 이야기도 많이 나누었다.

한편 학교에는 독일어와 일반사회를 가르치시던 선생님이 계셨다. 수업시간에 틈날 때마다 칸트의 순수이성비판과 헤겔의 변증법 등을 소개하셨다. 지적 호기심이 봇물처럼 터지던 나에게, 스승의 청산유수는 그야말로 생명수와 같았다. 인문학을 향한 그리움은 그렇게 조금씩 쌓여갔다. 당신과는 그로부터 20여년 뒤 내가 영남대 교수로 부임하면서 해후했다. 영남대에 사회학과를 만든 분이다.

　고등학교 2학년 여름방학 기간에는 독일어를 공부한답시고 고향 금오산에 있는 대각사에서 며칠간 먹고 자기도 했다. 낮에는 계곡에서 물놀이를 하거나 가재를 잡고 밤에는 기도를 하고 『반야심경』을 읽었다. 캄캄한 하늘에 빛나는 별을 우러러보면서 국어교과서에서 읽었던 알퐁스 도데의 소설 『별』을 떠올렸다. 양치기소년이 주인집 아가씨에 대해 느끼는 순수한 사랑의 감정을 아름다운 대자연과 함께 묘사한 작품이다.

　당시 우리 집에선 양을 수십 마리 길렀다. 나 역시 소설 속의 양치기소년이 될 수 있었다. 가끔 양떼를 먹이러 풀밭으로 나갔다. 풀밭에 홀로 누워 하늘에 떠다니는 구름을 보고 있노라면 그렇게 한가로울 수가 없었다. 시시각각으로 변화하는 구름의 모습이 신기했다. 나는 지금 이 나이에도 교외에 산책 나가길 좋아한다. 하염없이 모양을 달리하는 구름에서 무상(無常)의 의미를 곱씹어보곤 한다. 금오산 대각사에서의 생활은 여름방학이 건네준 소중한 선물이었다. 그때 나는 처음으로 『반야심경』을 다 암기했던 것 같다.

내 어린 날의 고독은 단단한 벽을 뚫고나온 민들레와 같은 것
이었다. 번뇌는 깊었으나 생각도 깊어졌다. '별 헤는 밤'을 짓던 윤
동주 시인의 기분이 아마도 나와 비슷했을 것이다.

계절이 지나가는 하늘에는
가을이 가득차 있습니다
…(중략)…
별 하나에 추억과
별 하나에 사랑과
별 하나에 쓸쓸함과
별 하나에 동경과
별 하나에 시와
별 하나에 어머니, 어머니
…(중략)…
그러나 겨울이 지나고 나의 별에도 봄이 오면
무덤 위에 파란 잔디가 피어나듯이
내 이름자 묻힌 언덕 위에도
자랑처럼 풀이 무성할 거외다

chapter 3.

인생고해(人生苦海),
우리는 누구나 괴롭다

•

가장 행복한
사람은
못된 심성의
흔적이
전혀 없는
사람이다.

―

플라톤

스트레스가 말을 하고 스트레스가 돈을 번다

누구에게나 사는 건 괴롭다. 아마도 인류가 이 땅에 출현하면서부터 그랬을 것이다. "사는 게 지겨워." "잔뜩 기대했던 데이트를 마침내 주말에 하기는 했는데 변덕스런 날씨 때문에 망쳐버렸어." "오늘 딸아이가 수능을 보는데 실수를 하면 어쩌지?" "교통체증이 왜 이리 심한 거야. 약속시간을 지키지 못하겠는 걸." 등등 우리는 동서고금을 막론하고 남녀노소를 불문하고 온갖 자질구레한 걱정거리를 안은 채 끊임없이 툴툴거린다. 어쩌면 이미 흘러가버린 과거를 못 잊고, 아직 오지도 않은 미래를 근심하며, 순간순간 화내고 슬퍼하고 억울해하는 것이 인간 군상이다.

　붓다는 이토록 괴로운 삶을 바다에 비유했다. 인생고해(人生苦海). 까마득한 심연을 간직한 망망대해에 비견될 만큼, 그야말로 깊고 한없는 고통이다. 붓다가 성취한 위대한 깨달음의 기반은 무지막지하고 도저한 고통이었을 것이다. 요즘에는 '스트레스 천국'이란 표현이 유행하고 있다. 사람들의 어깨는 축 처지고 경기는 매일같이 불황인데, 오직 스트레스만이 활개를 치고 다니는 형국이다. 스트레스가 말을 하고 스트레스가 돈을 번다.

　그렇다면 어째서 우리의 삶은 이토록 지독하게 괴로워야 하나? 달리 생각하면 괴로움의 원인을 안다면 한결 마음이 가벼워지지 않을까? 알고 보면 우리는 특정한 어떤 사건 때문에만 괴로운 것이 아니다. 결론부터 말하자면 괴로움은 인류가 지난한 진화과정에서 살아남기 위한 전략적 선택이다. 역설적이지만 '삶은 괴로운 것'이라고 누누이 마음속에 되새기며 마음을 단단히 먹어야, 비로소 안전을 보장받을 수 있는 것이다.

진화론적 관점에서 접근하면, 우리의 뇌는 쾌감에 탐닉하기보다 불쾌감을 회피하는 데 능숙하도록 진화되어 왔다. 이는 부정적 경험이 긍정적 경험보다 목숨을 부지하는 데 훨씬 유리하기 때문이다. 생각해보자. 지금으로부터 200~300만 년 전 인류의 조상인 원시인들은 초원을 삶의 터전으로 삼았다. 위험이 닥쳤을 때 몸을 숨기기 힘든 드넓은 벌판에서 인류는 그야말로 무방비로 노출됐다. 날카로운 이빨과 발톱도, 주변 환경에 따라 피부색을 바꿀 수 있는 변신술도 갖지 못했다. 자신보다 훨씬 몸집이 크고 재빠른 맹수들 앞에, 연약하고 비루한 맨몸으로 던져진 격이다.

반면 도망자 신세가 운명이었던 만큼, 위협에 대비하는 감각과 지능은 비약적으로 발달했다. 포식동물의 습격을 모면하는 일은 단 한 번의 실수 없이 정확하고 신속하게 이루어져야 했다. 사정이 이러하니 순수한 의미의 행복은 극히 짧막하고 가늘었다. 배고픔을 달래줄 사냥이나 번식과 쾌락을 위한 성교는 아주 짧은 시간 내에 게 눈 감추듯 후딱 해치워야만 했다. 눈앞의 이익이 달콤하다고 해서 넋 놓고 있다가는, 졸지에 맹수의 밥이 되기 십상인 처지였기 때문이다. 결국 평시에 만끽하는 유쾌한 반응에 비해,

위험에 대처하는 불쾌한 반응만 월등하게 강력해졌다.

　말하자면 '당근'보다 '채찍'에 애착하는 것이 인간의 숙명이라 할 수 있다. 오늘날 문명사회에서 사자나 악어에게 잡혀 먹힐 확률은 거의 사라졌다. 그러나 우리는 과거의 조상들이 습득한 생존의 지혜를 고스란히 상속받았기에, 전전긍긍과 노심초사의 삶을 지속하고 있다. 더구나 어떤 인간들은 호랑이보다 잔인하고 여우보다 교활한 법이다. 하루라도 마음 편할 날은커녕, 다리 뻗고 잘 틈마저 좀처럼 생기지 않는 것이다.

인간의 뇌는 괴로운 삶을 살게끔 설계되어 있다

중국 선종의 6조 혜능 선사는 "번뇌가 곧 깨달음"이라고 선언했다. 번뇌는 우리의 행복을 망치고 고통을 주지만 결국은 그 고통을 견디면서 우리는 제2의 인생을 추구하고 번뇌는 병(病)이면서 약(藥)이다. 불시에 머리를 한 방 맞으면 별이 보인다. 인간의 두 뇌는 부정적인 자극에 더 민감하게 반응하도록 설계돼 있다. 쓰라린 기억을 좀처럼 떨치지 못하는 이유는 생존과 관련이 깊다. 훗날 비슷한 상황과 맞닥뜨렸을 때 다시는 이전처럼 당하지 않기 위해서다. 현실적으로 나를 포기하거나 방치하면, 나는 죽거나 짓밟힌다.

앞서 고백한 것처럼 나의 유년시절은 온통 부정적인 기억들로 가득하다. 여러분에게도 정도의 차이는 있겠으나 악몽 같은 기억이나 지우고 싶은 기억이 몇 개쯤은 있을 것이다. 그러나 우리의 의지는 잊고 싶어 하더라도, 우리의 뇌는 씁쓸한 기억을 끝까지 간직하려 한다. 부정적 경험에 대한 고집은 삶의 안보(安保)와 관련이 깊다. 부정적 경험을 계속적으로 반추하는 행위는 다시는 그와 같은 경험을 반복하지 않기 위한 분투다.

인간을 포함한 모든 고등동물들은 쾌감을 주는 자극보다 고통을 주는 자극을 훨씬 더 잘 학습하고 기억한다. 예컨대 뜨거운 난로에 손을 한번 데이고 나면 두 번 다시 난로에 손을 올려놓지 않게 마련이다. 식중독을 일으킨 음식에 좀처럼 젓가락을 가져다대지 않는 일도 이와 같다. 나쁜 기억은 역설적으로 우리를 지켜준다.

인간은 공포나 불안과 같은 부정적인 감정에 대해 훨씬 민감하다. 행복감이나 만족감과 같은 긍정적 감정은 그에 비하면 너무나 짧고 하찮다. 쉽사리 놀라고 잠시도 안절부절 못한 채 툭하면 짜증을 내는 이유다. 불쾌한 기억의 수명이 유쾌한 기억의 그것이 따라오지 못할 만큼 오래가는 까닭도 마찬가지다. 그래야만 더 오래 살 수 있기 때문이다.

나이가 들면 기존에 갖고 있던 관점이나 신념을 웬만해선 바꾸지 않으려는 경향이 강해진다. 새로운 것을 추구하기보다 지금 손 안에 쥐고 있는 것을 잃지 않기 위해 애쓰는 습성도 이와 맥락이 닿는다. 인간의 보수적이고 좀팽이적인 성향은 뇌가 지닌 보존 욕구에 기인한다. 노인들도 스스로 '꼰대'가 되고 싶은 것은 아니다. 노화에 따른 필연적인 결과다. 나이가 들면서 뇌의 유연성이 떨어지니, 완고한 고집불통으로 성격이 굳어지는 것이다.

타인에게서 받은 상처를 좀처럼 치유하기 어려운 까닭도 부정적 편향성의 만성화에서 비롯된다. 인간관계 속에서 하나의 부정적인 사건에 대한 아픈 경험을 치유하기 위해선 적어도 5번 이상의 긍정적인 보상이 요구된다. 단적인 예로 아내에게 한 번 상처를 주었다면, 다섯 번 이상 호의를 베풀어야만 비로소 그녀의 상처를 씻어줄 수 있다는 연구결과도 나온 바 있다. '부정적 편향성'의 힘은 이토록 지독하고 피곤하다.

우리의 뇌는 진화를 통해 선조들로부터 부정적 편향성을 물려받았다. 물론 상황을 비관적으로 바라보면 더욱 신중하고 조심스럽게 처신하게 마련이다. 생존확률이 그만큼 높아지는 것이다. 그러나 온갖 스트레스를 유발하는 부정적 경향성은 행복한 삶을 가로막는 만성적인 골칫거리라는 점도 엄연한 사실이다. 늘 일정 수준 이상의 불안과 우울과 긴장에 싸여 있으니, 웬만해선 마음 편할 겨를이 없는 셈이다.

무엇보다 마음에 드리운 검은 그림자는 자존감을 억압한다. '나'라는 존재의 존귀함과 가능성을 과소평가하게 돼 스스로를 공격하고 저주하게 만드는 부작용을 일으킨다. 자기비하적인 평가가 지속되면 갈수록 지치고 약해지며 끝내는 스스로를 망가뜨리고 만다. 비록 뇌의 부정적 편향성이 진화의 산물이고 생물학적 뿌리라 해도, 진정으로 행복해지려면 부정적 편향성을 반드시 교정해야 할 필요가 있다. 그것이 상당한 시간과 인내를 요구하는 과업이더라도 말이다. 죽지 못해 사는 게, 참된 삶은 아니지 않은가. 우리 인간은 부정적 편향성에서 긍정적 편향성으로 바꿀 수 있는 위대한 힘이 있다.

괴로움의 전파경로와 전달물질

편도체(amygdala, 扁桃體)는 대뇌 피질 아래에 있는 복숭아씨처럼 생긴 뇌 구조물이다. 이곳은 위협을 인식하는 순간 신체를 비상체제로 전환시키는 곳이다. 뇌간(腦幹)에 명령을 내려 노어에피네프린(또는 노어아드레날린)이라는 신경전달물질을 분비한다. 노어에피네프린은 신진대사를 활성화시켜 위험에 대응한다. 이것이 위기 시에 교감신경계(SNS)를 작동시키는 일련의 과정이다.

그와 동시에 편도체는 내분비 계통을 조절하는 시상하부를 자극하고, 이곳에서 다시 내분비선의 총사령부라 할 수 있는 뇌하수체에 명령을 내린다. 뇌하수체는 다시 야전군 사령부에 해당하는 부신(신장 위의 내분비 기관)을 자극하여 에피네프린(또는 아드레날린)과 코르티솔이란 스트레스 관련 호르몬을 분비하게 한다. 시상하부–뇌하수체–부신으로 이어지는 HPA 축에서 벌어지는 현상이다.

뜻밖의 사고나 낭패를 만나면 가슴이 쿵쾅쿵쾅 뛰거나 눈이 휘둥그레지게 마련이다. 편도체의 움직임에서 비롯되는 본능적 반응이다. 편도체가 위험요소를 감지하고 경고 신호를 보내면 먼저 부신수질에서 나온 에피네프린에 의해 심장박동이 빨라진다. 그리고 동공이 확장되면서 보다 많은 광선을 일시에 받아들일 수 있도록 한다.

또한 노어에피네프린을 매개로 혈액을 팔다리와 같이 근육이 큰 조직으로 대량 투입한다. 여차하면 위험에 신속하게 대처할 수 있도록 사지에 힘이 솟게 하는 것이다. 아울러 이때는 기관지도 확장되는데 보다 많은 산소를 흡입해 신진대사를 활성화하기 위함이다. '아연실색'은 비단 놀람의 표현이 아니라 극복하겠다는 의지의 표현인 셈이다.

또 다른 스트레스호르몬인 코르티솔은 부신피질에서 분비되는 호르몬이다. 일시적으로 면역계를 억제하여 상처로 인한 염증 발생을 막는다. 또한 코르티솔은 교감신경계(SNS) 통로와 시상하부-뇌하수체-부신(HPA) 축의 통로를 자극하여 위기에 대한 장기적 대응이 가능하도록 조치한다. 다만 코르티솔이 해마의 기능을 억제히므로, 해마는 편도체의 기능을 지배하던 기존의 능력을 상실한다.

해마의 간섭에서 벗어난 편도체는 더욱 왕성하게 활동하면서 코르티솔을 마구잡이로 분비한다. 스트레스가 극에 달했을 때 일어나는 우울증과 공황장애 등의 정신질환과 알츠하이머라는 치매의 발생은 결국 뇌의 체계가 무너지는 데서 연유하는 불상사다. 요컨대 적당한 괴로움은 우리에게 활력을 불어넣지만, 도가 지나치면 몸과 마음을 피폐하게 하는 것이다.

마음을 복귀시키면 괴로움이 떠나간다

인간의 뇌에는 '연합령(聯合領)'이라는 대뇌피질이 있다. 대뇌피질
이란 머리뼈에 인접한 겉껍질인데, 연합령의 활성화는 고등동물
을 가르는 척도라고 말할 수 있다. 인간의 연합령은 침팬지나 고
릴라 같은 유인원에 비해 무려 3배 이상 발달했다. 연합령이란 뇌
안으로 들어오거나 스스로 산출해낸 갖가지 정보를 연합하고 집
행하는 곳이다.

　　연합령의 일차적 기능은 새로 유입된 정보를 기억 속에 있는
과거 정보와 비교하며 해석하고 판단하는 것이다. 그리하여 정보
를 종합해 최적의 행동계획을 수립하고 이를 실행에 옮긴다. 가장
고도화된 정신현상을 관장하는 일종의 최고사령부인 격이다. 고
도로 발달된 인간의 연합령은 인간이 동물보다 지적으로 월등하
게 뛰어난 이유이기도 하다.

　　연합령 가운데서도 앞이마 바로 뒤편에 위치한 전전두엽은
그야말로 뇌의 총사령부이다. 전전두엽은 우리의 마음속에서 스
스로 발생하는 내적 경험과 외부세계에서 유입되는 자극을 버무
려 이른바 '시뮬레이션(simulation)'을 진행한다. 마치 스포츠경기
의 전술을 짜듯이 승리를 위한 가상의 시나리오를 짜는 것이다.
여러 가지 경우의 수를 대입해 결과를 예측하고 약점과 피해를 최

소화하려는 과정과 노력이 시뮬레이션이다. 그리고 우리가 실제로 존재한다고 여기는 사물과 현상, 사고의 대부분은 실재하는 것이 아니라 전전두엽이 시뮬레이션한 가상현실이다.

가족 가운데 누군가가 연락도 없이 밤늦게까지 귀가하지 않아 초조해 했던 경험을 해봤을 것이다. '교통사고를 당한 건 아닐까, 아니면 누군가의 꾐에 빠져 납치를 당한 건 아닐까…' 온갖 불길한 상상을 하게 되는데, 이는 모두가 진짜 현실은 아니다. '저 사람은 왜 나를 싫어하지, 저 사람은 끝내 나와의 약속을 지키지 않을 거야…' 인간관계에서 생겨나는 터무니없는 오해들도 대부분 시뮬레이션의 결과다. 이처럼 최악의 상황을 각오해 두는 까닭은 실제로 최악의 상황을 당하더라도 충격을 덜할 수 있기 때문이다.

전전두엽의 바로 위쪽에 있는 전두연합령은 가상현실의 짧은 영화가 끊임없이 상영되는 스크린과 같다. 의심과 비관이 난무하는 이 영화의 전반적인 분위기는 음울하고 불쾌하다. 불교에서 말하는 탐진치(貪瞋癡) 삼독(三毒), 그러니까 욕심과 미움과 어리석음이 적절하게 뒤섞인 일종의 공포영화이고 재난영화다.

물론 이러한 가상현실이 나쁜 것만은 아니다. 위험에 대처하고 파국을 예방하는 데에는 상당한 효과를 발휘하는 덕분이다. 부정적인 생각은 사람을 조심하게 하고 신중하게 하는 법이다. 돌다리도 두드려보고 건너는 성격은 불의의 사고를 최소화할 수 있다. 조금이라도 의심이 가는 사람이라면 피하고 보는 게, 아무래도 신상에 이롭다.

인류는 이러한 가상현실의 환상 덕분에 진화에서 도태되지 않고 이제껏 살아남을 수 있었던 것이다. 돌다리도 두드려보고 또한 아는 길도 돌아가면서 확보한 안전이다. 흔하고 낯익은 소리와 냄새에서조차 위험요소를 찾아내려는 습성이 쌓이고 쌓이면서, 전전두엽은 비약적으로 성장했다.

아울러 실제로 존재하는 현실보다 추상적이고 상징적인 것을 추론하는 능력이나 숨은 의미를 간파하는 능력 역시 인간은 다른 짐승의 추종을 불허한다. 한편으로 연합령의 걸출한 재능은 진화의 축복인 동시에 재앙이기도 하다. 생각이 너무 앞서가니 지레짐작하거나 겁먹으면서 괴로움을 자청하는 것이다. 아는 길인데도 자꾸만 돌아가면, 끝내는 지친다.

번뇌란 일견 단순하다. 마음이 어느 한곳에 머물지 못하고 속절없이 방황하는 상태다. 붓다는 이러한 번뇌가 괴로움의 본질이라고 설파했다. 곧 번뇌를 없애려면 마음을 한곳에 집중시키는 훈련이 필요하다. 마치 닻을 내려 배의 위치를 고정시키듯. 마음훈련의 핵심은 흔들리는 마음을 '지금(now)' '이곳(here)'에 붙잡아두고 달래는 것이다. 마음을 훈련하지 않으면 마음은 본능적으로 과거로 달려가 불쾌한 기억을 끄집어오거나, 미래로 달려가 실재하지도 않는 것에 대한 불안에 사로잡히게 마련이다.

일단 괴로움의 신경망이 작동되면 괴로움은 걷잡을 수 없이 증식된다. 누군가를 못 미더워하거나 죽도록 미워해본 경험이 있을 것이다. 그리고 그 마음을 끊지 못해 의심과 증오의 불길에 스스로 태워지는 고통도 느껴봤을 것이다. 결국 괴로움에서 벗어나고 싶다면 일단 그 괴로움이 실재하는 것이 아니라 한낱 허상에 불과하다는 사실을 분명히 자각해야 한다.

믿지 못하고 미워하는 마음은 실체가 없다. 복잡하고 요란하지만 알고 보면 부질없는 헛것을 머릿속에서 털어내고 현실로 조속히 돌아와야 한다. 참다운 삶이란 별 게 아니다. 지금 이곳에 머무르면서 지금 이곳에서 일어나는 일에만 마음을 모아가는 삶이다. 그리고 지금 이곳으로 마음을 복귀시키기 위한 연습이 명상이다.

지금 당장 하던 일을 멈추고 심호흡을 해보라

마음이 심란하면 병이 생기고 마음을 안정시키면 건강해진다. 이 것은 만고의 진리다. 마음공부의 목표는 산란한 마음을 일념(一 念)으로 모으자는 것이다. 나아가 아무런 생각이 일어나지 않는 무념(無念)의 경지에 도달하는 걸, 예로부터 수행자들은 궁극적 인 행복으로 여겼다. 그래서 마음을 한 곳에 모으기 위해 기도를 하거나 수련을 하거나 염불을 하거나 참선을 했다. 일념에만 이 르러도 몸과 마음이 편안해진다. 불교에서는 이러한 상태를 선정 (禪定)이라고 한다. 심리학과 생리학에서는 '이완반응(relaxation response)'이라고 부른다.

동양문화권에서는 마음수련을 일상생활과 의료 분야에서 오 래 전부터 활용해 왔다. 반면 서양의학이 마음수련에 따른 심신안 정 효과를 발견한 것은 최근의 일이다. 하버드 의대 내과교수이자 심장질환 전문의였던 허버트 벤슨(Herbert Benson)을 효시로 본다. 그는 마음수련에 따른 이완효과를 '이완반응'이라고 최초로 정의 하고 임상에 적용했다. 1975년 벤슨이 출간한 포켓북 『이완반응』 은 물경 400만 부가 팔린 초대형 베스트셀러가 됐다. 나는 이 책을 1977년쯤 사서 읽은 듯하다. 미국의 의사들은 그를, 기계적 사고 에 매몰되어 있던 서양의학을 위기에서 구한 '성웅(Saint Soldier)'

이라고 칭송한다.

벤슨은 스트레스 관련 질병을 보이는 환자를 대상으로 이완반응이라는 만트라형의 명상법을 적용해 성공적으로 치료할 수 있다고 주장한다. 즉 이들이 이완반응 명상을 하면 심장박동률, 호흡률, 그리고 뇌파가 느려지고 근육의 긴장은 이완되고 에피네프린이나 기타 스트레스 관련 호르몬의 분비가 감소된다. 이완반응 명상을 정기적으로 수련하면 불면증 환자의 75%가 정상적으로 수면을 취할 수 있게 되고, 불임증으로 고생하는 부인의 35%가 임신을 할 수 있게 되며, 만성통증 환자의 34%가 진통제 사용량을 대폭 줄일 수 있다고 보고하고 있다.

한편 초기불교에 기반을 둔 마음챙김 명상을 한 사람도 이완반응 훈련을 한 사람과 비슷하게 각종 스트레스 관련 질환으로부터 회복되어 건강하게 된다고 한다. 벤슨은 이완반응 명상을 하는 동안 '신(神, God)'에 강하게 밀착되는 느낌을 느꼈다고 보고한 만성통증 환자를 5년 동안 연구했다. 신에 밀착감을 느꼈다고 한 환자는 보다 건강해졌고 통증 회복도 빨랐다. 벤슨 박사는 기도나 이완반응 명상이 부교감신경계와 같은 평화와 이완감을 야기하는 신경통로를 활성화시킨다고 보았다.

즉 기도도 이완반응과 마찬가지로 에피네프린과 코티졸 같은 스트레스호르몬의 분비를 줄여 혈압을 낮추고 심장박동률과 호흡률을 늦추어 몸에 유익한 영향을 미친다고 주장했다. 이완반응을 일으키는 뇌 부위와 종교적 경험을 일으키는 뇌 부위가 정확히 일치하는지 여부는 아직까지 알 수가 없다. 그러나 이완반응 명상은 불안과 공포 또는 공격성과 같은 정서지배 중추인 편도체(amygdala)의 활성도를 낮출 수 있다.

　마음이 안정 상태에 이르면 근육이 이완된다. 호흡이 느려지고 심장박동이 줄어들며 혈압이 내려간다. 평온하고 규칙적인 뇌파인 알파파와 세타파가 나타나면서 체온이 감소한다. 신진대사가 무뎌지면서 결국엔 몸과 마음이 완전히 풀어진다. 무엇보다 불쾌한 감정과 유해한 생리반응이 사라지면서 이완반응은 정점에 올라선다.

　이처럼 이완반응을 일으키는 마음훈련을 정기적으로 꾸준히 실천하면 심신에 놀라운 변화가 찾아온다. 초조감, 과민성, 적개심, 불안, 우울과 같은 부정적 심리상태가 관용성, 수용성, 낙천성, 사랑과 같은 긍정적 심리상태로 전환되는 것이다. 스트레스에 의한 교감신경계(SNS)의 과잉활동이 잦아들고 평화와 안정의 부교감신경계(PNS)가 활성화되는 것. 이것이 바로 이완반응이다.

　현대사회는 급변한다. 모두가 무한경쟁으로 힘들다. 과다한 긴장은 스트레스를 유발하고 스트레스는 각종 심리적·신체적 질병의 단초가 된다. 물론 스트레스를 받지 않고 살 수는 없다. 스트레스를 극복하는 가장 현명한 방법은 스트레스를 무작정 회피하지 않고 스트레스를 마주하며 적절한 대처 훈련을 하는 것이다.

　이완반응 명상법은 스트레스에 대한 반응이 보다 미약하고 서서히 일어나도록 통제하는 데에 용이하다. 오늘날 미국의 가정의학 전문클리닉의 80% 이상이 이완반응을 임상치료에 도입하고 있다. 더구나 이완반응을 일으키는 것은 아주 쉽다. 가장 간편한 이완반응법은 하던 일을 멈추고 심호흡을 하는 것이다. 이것만으로도 심신이 안정돼 상황을 객관적이고 합리적으로 바라볼 수 있는 눈을 가질 수 있다.

현대인의 만병통치약, 명상

마음이 몸을 좀처럼 따라주지 않는다는 게 나 같은 노인들의 보편적인 푸념이다. '혈압을 낮춰야지…' 마음먹는다고 혈압이 내려가지 않는다는 건 상식이다. 그러나 이를 뒤집은 사건이 1968년에 있었다. 하버드 의대를 졸업하고 내과 전공의(레지던트) 수련을 끝낸 뒤 생리학교실에서 고혈압 원인 연구에 몰두하던 어느 젊은 의사가 있었다. 그는 당시 심리학계에서 유행하던 '조작적 조건반응'이라는 학습실험을 통해 원숭이가 자신의 혈압을 스스로 통제할 수 있는지 여부를 살폈다.

원숭이의 혈압이 올라갈 때는 면전에 백색광선을 비추되 먹이는 주지 않았다. 반대로 혈압이 내려갈 때는 청색광선을 비추면서 바나나를 주었다. 먹이의 힘은 강력했다. 오랜 '밀고 당기기' 끝에 마침내 원숭이는 제 힘으로 혈압을 낮출 수 있게 됐다. 바나나를 얻으려면 스스로 마음을 안정시켜 혈압을 내려야 한다는 걸 원숭이들 스스로 터득한 것이다. 실험결과는 언론보도를 타고 미국 전역에 알려졌다. 그리고 혈압과 같은 자율신경계는 자기의 의지대로 조절할 수 없다는 기존 의학계의 통념에 충격을 안겨줬다.

그즈음은 인도 출신의 힌두명상가이자 과학자였던 마하리쉬 마헤쉬(Maharishi Mahesh)가 개발한 '초월명상(Transcendental

Meditation : TM)'이 미국사회에 선풍을 일으키던 때다. 원숭이가 혈압을 스스로 떨어뜨릴 수 있다는 빅뉴스를 접한 TM수련자들이 그 사실을 입증한 젊은 의사를 찾아왔다. 그들의 제안은 놀라웠다. 일찌감치 자신들도 원숭이처럼 그렇게 할 수 있으니 자신들을 실험해 달라는 요청이었다.

다소 황당한 제의를 받은 의사는 일단 동료들과 상의했다. 동료들은 주류의학이 받아들이지 않을 것이란 이유로 반대했다. 그러나 TM 수련자들의 간청은 거듭되었고 또한 거셌다. 결국 의사는 명상수행을 할 때에 그들의 신체에서 일어나는 몇 가지 생리학적 반응을 측정하기로 결심했다. 젊은 의사는 앞에서 몇 번이나 언급했던 심신의학의 창시자 허버트 벤슨이다.

벤슨과 비슷한 시기에 캘리포니아 어바인대학의 대학원생 로버트 월러스(Robert Wallace)와 아치 윌슨(Archie Wilson)이 초월명상 수련자들을 대상으로 동일한 연구를 진행하고 있었다. 벤슨 그리고 월러스와 윌슨은 마침내 1972년 과학잡지 「사이언티픽 아메리칸」과 미국 생리학회지에 "초월명상과 같은 정신집중을 통해 교감신경계의 활동이 줄어드는 현상을 발견했다"고 공동으로 주장하기에 이른다. 물리적인 혈압을 정신적인 의지로 조절할 수 있음을 밝혀낸 이들의 연구는, 마음수련을 임상의학에 적용할 수 있는 과학적 근거를 제시했다. 서양의학의 패러다임을 뿌리째 뒤흔든 혁명이라 불러도 좋을 것이다.

어떤 약의 설명서에 다음과 같이 적혀 있다고 치자.

"두통을 줄여준다. 협심증도 잦아든다. 혈압을 낮춰서 고혈압 치료에 기여한다. 스스로 마음을 억누르는 습관을 고쳐 적극성과 창의성을 발휘할 수 있도록 돕는다. 불면증을 이겨내게 해준다. 과호흡 증후군 발작을 예방할 수 있다. 요통을 덜어주고 항암 치료 효과를 키운다. 공황장애로부터 자유로워진다. 콜레스테롤 수치를 낮춘다. 메스꺼움, 구토, 설사, 변비 등등 자잘한 신체적 고통으로부터 해방된다. 다른 사람과 잘 어울리지 못하는 성격을 고쳐준다. 불안과 긴장의 증상이 완화된다. 전체적으로 스트레스 감소를 통해 내면의 평화와 정서적 균형을 이루게 한다."

이쯤 되면 만병통치약 수준이다. 더구나 돈도 들지 않고 누구나 복용할 수 있으며 장복해도 아무런 부작용이 나타나지 않는다면? 얼핏 시골 약장수의 뻔한 속임수로 들릴지 모르겠으나, 진짜로 이런 약은 있다. 바로 명상이다.

실제로 벤슨이 개발한 이완반응법은 1975년부터 하버드 의대 부속병원의 임상치료에 도입됐다. 현재는 하버드 의대 산하의 심신의학연구소에서 전 세계의 수많은 의사들과 의료전문가에게 이완반응 명상과 기타 명상기법을 가르쳐주는 상황이다. 현대사회에서 명상은 스트레스 관련 질환자들을 대상으로 유용하게 활용되고 있다. 이렇듯 이완반응 명상은 서구의학의 신기원을 열었다고 할 수 있다. 이제는 이토록 매력적인 이완반응 명상의 구체적인 방법을 알아볼 시간이다.

'실패 좀 하면 어때, 상처 좀 받으면 어때'

하버드 의대 심신의학연구소를 비롯해 수많은 병원에서 이완반응 명상을 임상에 적용해 왔다. 그리고 스트레스와 관련한 징후들이 전반적으로 감소한다는 사실을 밝혀냈다. 특정한 상황에서 불거지는 상태불안과 개인의 고유한 성격에 따른 특성불안 등 이런저런 불안증세가 줄어든다는 것도 알아냈다.

이완반응을 경험한 환자들은 부정적인 생각의 굴레에서 벗어났고 불면증에서도 해방됐다. 주의집중력이 증가돼 평정심도 되찾았다. 자기-수용감이 늘어나면서 어떤 일을 당해도 낙천적이고 여유로운 태도를 유지했다. 업무에 쫓기거나 인간관계에 피곤할 때마다 '이완'이란 단어를 머릿속에 염두에 두고 몸과 마음의 긴장을 풀어줄 것을 권한다.

물론 이러한 긍정적인 변화들은 정기적으로 꾸준하게 수행해야만 얻을 수 있는 기쁨이다. 내가 운영하는 '마인드플러스 스트레스대처연구소'의 명상수련에 참여한 사람들이 증인이다. 그들은 스트레스 감소 훈련 프로그램에 열심히 참여했고 연구소에서 내주는 과제를 꼬박꼬박 이행했다. 그럼으로써 우울과 불안, 의심과 적개심 같은 부정적인 감정을 차츰 털어냈다. 신경과민에 따른 두통과 복통에서도 자유로워졌다.

명상의 핵심은 과거와 미래에 대한 집착으로 지친 마음을 '지금 이 순간'으로 데려오는 것이다. 다시 말해 현실을 왜곡하는 온갖 욕망과 감정을 통제하는 역량을 기르는 일이다. 명상의 힘이 어느 정도 닦이면, 현재에 충실하게 되고 지금 하고 있는 일에 집중하고 만족하는 법을 익히게 된다.

거듭 강조하건대 명상은 누구나 할 수 있다. 모두에게 열려 있다. 종교나 문화의 전통이 달라도 상관없다. 명상을 하면서 암송하는 만트라를 자기의 취향에 따라 정하면 된다. 자신에게 맞는 명상법을 택해 규칙적으로 실천한다면 누구나 이완반응을 맛볼 수 있다. 내가 목격했던 사례를 소개한다.

N씨는 법학전문대학원에 다니는 여학생이다. 그녀는 수업시간에 과제발표를 해야 할 때마다 극도의 불안과 두려움에 시달렸다. 중증의 사회공포증으로, 남들 앞에만 서면 사지가 마비되는 경험까지 했던 바다. 결국 자신은 공개된 법정에서 수많은 대중을 설득해야 하는 변호사는 절대 될 수 없을 것이라며 낙담했다. 그러나 8주간의 명상훈련이 끝난 후 그녀는 화사한 얼굴로 다음과 같은 기록을 남겼다.

"나는 심각한 불안장애 때문에 명상센터를 찾아왔다. 그리고 명상으로 불안상황을 스스로 통제하는 법을 배웠다. 불안에 따른 신체적·심리적 징후가 사라졌다. 이완반응의 효과와 마음챙김 기술 덕분에 나는 이제 내가 봐도 놀랄 만큼 발표시간에 전혀 떨지 않는다. 친구들은 완전히 달라진 내 모습을 보고 비결이 무엇이냐고 묻는다. 사실, 해법은 매우 간단하다. '긴장된다 싶으면 온몸에 힘을 풀고 심호흡을 해봐. 해답은 내 마음 안에 본래 있었던 거야. 그걸 깨닫기만 하면 돼.'"

N씨의 깨달음은 나의 깨달음이기도 하다. 외로웠던 기억과 암울했던 기억으로 오랫동안 위축된 채 살았다. 대학에서 심리학을 전공하고 심리학자의 길을 걸으면서도, 정작 나는 나의 '심리'를 알아내지 못해 오랜 세월 전전긍긍했다. '마음의 병이 어디서 오는지 그리고 왜 왔는지' 지식으로는 파악할 수 있었지만, 직접적으로 치유하진 못했다. 다행히 명상이 나를 구원했다.

'마음먹은' 대로 살기란 어렵다. 그럴 때는 '마음가는' 대로 살겠다는 관점의 전환이 요구된다. N씨와 같이 마음먹은 대로 살지 않겠다고 선언할 필요가 있다. '실패 좀 하면 어때, 상처 좀 받으면 어때'라는 넉넉한 마음가짐은 삶에 놀라운 변화를 선사한다. 상황에 자신을 맡겨두는 수동적인 태도는 얼핏 부정적으로 보이지만, 어쩌면 가장 합리적인 대안일 수 있다. 가끔은 마음에 특별한 기대를 걸거나 의무를 지우지 않고 그저 내버려둘 때, 마음은 한결 편안해지고 가벼워진다.

이완반응 명상 실습

마음을 이완시키기 위해서는 먼저 마음의 안정을 이루어야 한다. 첫 번째 순서는 '집중'이다. 어떤 한 생각에 몰입하면 마음이 동요하지 않는 법이다. 일심(一心)이 곧 무심(無心)인 것이다. 예컨대 선불교에서는 화두를 참구하고 사마타 수련에서는 '옴 마니 반메 훔'을 반복적으로 왼다. 개인적으로 관심을 가졌던 국선도 수련에서는 '정각도원 체지체능 불도일화 구활창생'과 같은 '선도주(仙道呪)'를 되풀이해서 암송하라고 시킨다. 무엇이든 좋다. 특정한 대상에 마음의 초점을 맞추면 잡념이나 걱정거리로 주의를 빼앗기지 않는다.

물론 사람의 의지가 무색하게, 끊임없이 망상을 일으키는 것이 마음의 속성이다. 따지고 보면 살기 위해서 그런 것이다. 주변 환경을 부지런히 경계하고 탐색하느라 우리의 마음은 좀처럼 쉬지 못한다. 중요한 것은 마음이 한 초점에 집중하지 못하고 자꾸만 산란해진다 하더라도, 억지로 다잡으려 애쓸 필요는 없다는 것이다. 그냥 '마음이 어지러워졌구나' 인정하고 그대로 내버려두면 된다. 이렇게 수동적인 자세를 취하면 마음도 심술을 그친다. 잡념과 공상으로부터 안정된 상태로 되돌아가게 마련이다. 이완반응에 순조롭게 다가가려면 다음 8단계의 요령을 숙지해야 한다. 반복적인 연습을 권한다.

1. 주의를 집중시킬 수 있는 특정한 대상, 다시 말해 특정한 단어나 구절 또는 기도문과 같은 만트라(Mantra)를 선택한다.

자신이 믿는 종교에서 주로 사용하는 문구가 더욱 효과적이다. 예를 들어 가톨릭 신자라면 '은총이 가득하신 마리아님', 개신교 신자라면 '여호와는 나의 목자이시니', 불교 신자라면 '관세음보살', '옴 마니 반메 훔'이 좋다. 무종교인에게는 '사랑', '행복', '하나'와 같은 단어도 알맞겠다.

2. 조용한 장소에 편안한 자세로 앉는다.

으레 명상하면 책상다리를 한 채 꼿꼿이 앉아서 해야 한다는 통념이 있다. 그러나 바른 자세에 연연하다보면 거기에 마음을 빼앗겨 본말을 전도시키는 우를 범할 수 있다. 명상은 마음 편하자고 하는 것이지 자세 교정을 하자는 것이 아니다. 무리하게 가부좌를 틀려고 힘들이지 않아도 된다. 방석에 아무렇게나 앉아도 괜찮고 의자에 걸터앉아도 괜찮다. 그러니 버스나 지하철 안에서도 할 수 있는 게 명상이다. 다만 외부의 소음이 적은 곳에서 해야 집중력을 높일 수 있다. 그리고 가능한 척수를 똑바로 세우고 앉아서 하면 좋다.

3. 눈을 감거나 실눈을 뜬다.

눈을 감는 일은 외부의 시각적 자극을 차단하자는 취지다. 다만 졸음이 올 수 있으니 조심해야 한다. 더구나 눈을 감아도 망상이 일어나는 건 어쩔 수 없다. 그러므로 시선을 전방 1미터50센티미터 정도에 두는 것이 가장 이상적이다.

4. 온몸의 근육을 이완시킨다.

가슴, 어깨, 팔, 목, 머리, 다리, 손 등 신체 구석구석마다 가능한 힘을 빼라는 것이다. 혀는 입천장에 부드럽게 붙인다.

5. 천천히 자연스럽게 호흡한다.

숨을 들이켜고 내뱉을 때마다 만트라를 암송한다. 예컨대 '옴 마니 반메 훔'을 만트라로 택했다면, 숨을 들이마시고 난 후 날숨과 함께 '옴 마니 반메 훔'을 읊조리면서 토해낸다. 만트라는 한 호흡 동안 읊조릴 수 있는 정도의 길이를 추천한다.

6. 수동적인 자세를 취한다.

앞서도 말했지만 만트라를 암송하며 주의를 집중한다손 치더라도, 잡념과 공상이 일어나는 것은 불가피한 일이다. '망상이 일어나도 괜찮아'라며 스스로 다독이면서 만트라만 되풀이하면 된다. 이렇게 하면 동요하던 마음이 조금씩 잦아든다.

7. 한번에 20분 정도 계속한다.
이완반응 명상의 효과가 가장 잘 일어날 수 있는 시간이다.

8. 하루에 아침(새벽), 저녁(잠들기 전)으로 2번 하는 것이 좋다.
몸속의 신진대사가 수면에서 활동으로 그리고 활동에서 수면으로 옮겨가는 시간대이자 고요한 마음이 정점에 이르는 시간대다.

chapter 4.

생각이 뇌를 바꾸고
삶의 품격을 좌우한다

•

인격이
곧
운명이다.

—

헤라클레이토스

스무 살의 서울 생활

고등학교 2학년 때다. 교사였던 아버지가 정부기관인 중앙교육연구소에서 실시하는 3개월 과정의 상담교사 양성교육을 받고 오셨다. 당신의 가방에는 교육심리학, 청년심리학, 정신분석학, 성격심리학을 주제로 한 책들이 한가득 들어 있었다. 대부분이 일본어로 쓰였는데, 『정신분석학 입문』만이 우리말로 번역돼 있었다. 지적 호기심은 많은데 마땅히 읽을거리가 없던 터라, 재미삼아 훑어보기 시작했다. 자아, 초(超)자아, 본능, 리비도 등 생소한 개념들을 발견했고 '프로이트'라는 사람도 알게 됐다.

이듬해인 1959년의 추석은 양력으로 9월 15일이었다. 우리나라 역대 최대의 태풍이었던 '사라호(號)'가 영남지역을 초토화한 날이었기에 똑똑히 기억한다. 오전에 제사상을 차리고 차례를 올리려는데 긴급히 대피하라는 반장의 연락이 왔다. 우리 집은 대구 수성천과 범어천이 합류하는 근방에 있었는데, 지대가 약간 높아 그나마 안전했다.

그러나 운영하던 양계장은 저지대였다. 모든 것을 날려버릴 듯한 강풍과 폭우 끝에 양계장은 물바다가 됐다. 수천 마리의 닭과 수십 마리의 양이 물바다 속에서 허우적댔지만 손을 쓸 도리가 없었다. 고3 2학기가 시작된 즈음이었다. 그렇지 않아도 양계 사업을 한다고 시골에 있던 전답을 죄다 팔아치우고 모아놓은 재산도 바닥을 드러내던 시점이었다. 사라호는 우리 가족의 파산에 종지부를 찍었다.

식구 전체가 망연자실한 가운데 나는 진학문제라는 또 다른 고민거리를 짊어져야 했다. 태풍은 그렇지 않아도 가세가 기울던 집의 대들보를 부러뜨려버렸다. 경제적으로는 서울에서 대학을 다닐 형편이 못 되었다. 다만 서울에 두 분의 외삼촌이 계셨는데, 큰외삼촌은 서울대 교수였고 작은외삼촌은 성균관대 교수였다. 모두 경제학 교수였다.

짐작했겠지만 '인문학적 사춘기'를 보낸 나는 철학과나 사학과 또는 지리학과에 가고 싶었다. 그러나 외삼촌들은 밥 굶기 십상인 전공보다는 장래를 생각해서 경제학과에 들어갈 것을 권유했다. 어른들의 의견을 따르기로 했다. 어차피 서울에 있는 대학에 간다면, 외갓집에 의탁할 수밖에 없는 처지였기 때문이다.

1960년 고등학교 졸업과 함께 대학 진학에 도전했다. 애당초 마음먹은 대로 서울대를 지원했다. 그러나 고질적인 약점이었던 수학 성적이 너무 저조한 게 치명적이었다. 결국 다른 과목에선 꽤 높은 점수를 받아놓고도 수학을 망쳐 낙방하고 말았다. 큰외삼촌은 나의 엉망이었던 수학 성적에 낙심한 나머지 통음(痛飮)을 했다가 개천에서 넘어져 어깨뼈가 부러지는 사고까지 입었다. 너무 죄송했었다.

후기(後期) 모집에 성균관대에 응시했고 커트라인을 여유롭게 통과했다. 성적우수 장학생으로 선발되기까지 했다. 작은 외삼촌이 성균관대 교수였기에, 그런 대로 잘 된 일이라 자위했다. 기대에 못 미치는 성과이더라도 여하간 합격은 즐거운 게 인지상정이다. 패자부활전으로 어렵사리 동메달을 획득한 셈이었다.

새 교복과 새 구두를 신으니 비로소 대학생이 되었다는 걸 실감했다. 작은외삼촌 댁이 명륜동에 있었다. 그래서 학교가 지척이었다. 여기서 기식하며 새로운 환경에 적응해나갔다. 그러나 공부를 하고 애인을 사귀는 등 평범한 대학생활을 즐기는 것도 조심스러웠다. 사(私)적인 쾌락에 취해 있기에는 사회 현실이 너무 난감했다. 당시는 이승만 대통령을 중심으로 한 자유당이 막장으로 치닫던 때라 세상이 무척 혼란스러웠다. 대학사회에도 부정이 판쳤다.

예컨대 내가 들어간 경제학과 신입생 정원이 40명이었음에도 그해에는 자그마치 400여 명의 학생이 입학했던 것 같다. 정원 내 학생과 정원 외 학생은 학번 표기법도 달랐고 반도 따로 편성됐다. 정원 내 학생은 명문고 졸업생들이 많았는데 대부분이 서울대에 실패한 이들이었다. 나는 각각 지역명문인 경기고와 경남고를 나온 두 친구와 특별히 가깝게 지냈다. 그들과 함께 통기타 가수들의 전설로 유명한 '세시봉' 음악다방에 가보기도 했다.

입학 후 얼마 지나지 않아 4.19가 터졌다. 시위대열에 끼어 광화문거리, 국회의사당, 부패한 정권의 원흉이었던 서대문 이기붕 부통령 자택 앞, 경무대(지금의 청와대) 앞까지 서울 중심가를 돌아다녔다. 그때만 해도 학생운동은 목숨을 걸어야 했다. 경찰들은 대놓고 실탄을 쐈다. 살기등등한 공권력의 추격에 쫓겨 광화문 근방의 뒷골목 사이로 황급하게 숨어 다니던 기억이 선명하다. 입학 기념으로 새로 맞춘 구두가 발에 맞지 않아 신발을 벗어들고 맨발로 뛰었다. 어느 가게 안으로 숨어들었더니 주인이 냉수를 떠다주었고, 소방차의 물감세례를 받아 빨갛게 물든 얼굴을 씻으라며 세숫대야에 물을 가득 담아주었다. 생전 처음 하게 된 서울생활은 시작부터 드라마틱했다.

4월 26일 이승만 대통령의 사퇴로 4.19혁명은 성공으로 마무리됐다. 그날 나는 종로3가 파고다공원(탑골공원) 근방의 시위대에 가담하고 있었다. 공원에 서 있던 이승만의 동상을 사람들이 밧줄로 묶어 끌어내리는 것을 보았다. 하야(下野) 성명 발표 직후 대학생 대표들이 질서를 되찾아야 한다며 앞장서 외쳤다. 그래도 젊은이들은 뜨거운 피를 주체하지 못했다. 승리의 격정으로 불타올랐던 그들은 의적(義賊)이기도 했다. 서울 시내 백화점을 떼 지어 돌아다니며 양담배와 같은 외제품을 깡그리 압수했다. 한강변에 모아놓고 불을 질렀다.

성장통의 한복판에서

한창 데모를 한답시고 공부는 뒷전이었다. 게다가 경제학이 적성에 전혀 맞지 않는다는 걸 뒤늦게 깨달았다. 교재는 온통 숫자와 그래프로 가득했다. 가뜩이나 수학공포증에 걸려있던 나에게 경제학은 수학처럼 무서웠다. 갈수록 자신감을 잃었다. 외삼촌에게 고민을 털어놓았더니, 미시경제학과 계량경제학 등 현대경제학을 공부하려면 반드시 수학적 재능과 식견이 있어야 한다는 대답이 돌아왔다. 그걸 왜 지금에야 말해주나 싶었다.

성장통(痛)이었을까, 혁명 직후 한국사회는 혁명 이전과는 또 다른 방향으로 몹시 혼란스러웠다. 대학도 예외가 아니었다. 민주주의를 완성하고 시민의 권리를 회복해야 한다며 매일같이 집회가 열렸다. 4.19를 주도한 주역은 대학생들이었다. 세상의 주인공으로 부상한 그들은 통일, 경제, 정치를 주제로 한 강연회와 세미나를 하루가 멀다 하고 열었다.

덕분에 나의 정치의식도 눈에 띄게 자라났다. 여름방학이 되어 대구로 내려왔는데, 고등학교 1년 선배의 형이 새파란 나이에 국회의원에 출마하겠다며 도움을 요청했다. 그의 찬조연설원이 되어 열심히 선거판을 누볐다. 나 역시 조국을 위해 유의미한 헌신을 해야겠다고 다짐하게 된 동기다.

2학기 개강에 맞춰 상경했다. 경제학에 대한 흥미는 완전히 상실한 상태였다. 재수를 결정했다. 서울대 문리대에 진학해 새로운 삶을 위한 돌파구를 찾기로 했다. 당초엔 모든 학문의 시작은 철학이란 생각에, 철학과로 진로를 잡았다. 그러나 주변에선 철학보다는 철학과 비슷하면서도 유망학문으로 떠오른 심리학을 추천했고 이를 받아들였다. 상담교사교육을 받고 오신 아버지의 영향도 컸다.

10월 말에야 뒤늦은 입시준비에 뛰어들었다. 수학 성적만 올리면 승산이 있을 것 같았다. 종로학원에서 수학 강의만 집중적으로 들었다. 다행히 조금씩 성적이 올라가면서 자신감도 붙었다. 나머지 과목은 기본실력이 받쳐 주리란 확신이 있었다. 지성이면 감천이었다. 이듬해 1월 입학시험을 치렀고 마침내 원하던 대학에 합격했다. 동시에 이제야 내가 하고 싶은 공부를 마음껏 할 수 있게 됐다는 기대감으로 한껏 부풀었다. 나이 일흔이 넘어서 돌이켜 보면 부질없는 감정이었다는 생각도 든다. 하지만 새파란 청춘이었던 당시로선 참으로 대단한 성취감이었다.

그러나 입학의 기쁨도 잠시, 5.16 군사쿠데타가 일어났다. 완전무장한 군인들이 학교에 난입해 강의실과 도서관과 운동장을 점거했다. 군사정부를 반대하는 시위가 문리대 학생들을 중심으로 연일 전개됐다. 나 또한 데모에 적극적으로 참여했고 민족주의 비교연구회(민비련) 활동에도 관심을 가졌다. 큰외삼촌은 당시 서울대 문리대 사회학과 교수로서 '근대사회사상사'와 '민족주의 전개과정'을 강의하면서 민족주의 담론을 학계에 제기하는 데 큰 역할을 했다. 일제강점기와 남북분단과 한국전쟁 등 외세에 의해 끊임없이 좌절하고 굴절되어온 우리 역사에 대한 한스러움은 나를 깨어나게 했다.

조금 민망하지만, 20세의 나는 애국청년이었다. 지금처럼 개인주의가 만연하지도 않았고 생각 있는 젊은이들은 '나'보다는 '우리'를 생각하며 살았다. '심리학도로서 조국과 민족을 위해 무엇을 해야 하나' 진심으로 고민했다. 그러나 교수님과 선배들은 심리학이 자연과학임을 분명히 했다. 인문학적인 거대 담론은 다루지 않는다며 기를 죽였다. 하지만 세상을 바꿀 수 있는 학문에 대한 열정은 사그라지지 않았다.

심리학과 사회학의 접목을 통해 민족심리학 또는 사회심리학을 전공해야겠다고 마음먹었다. 한국사회, 사회계층, 사회사상사, 사회이동, 사회심리학, 인간관계론, 소집단론 등의 과목을 들으며 사회학을 부전공했다. 종교학과 철학에도 접근했다. 서양철학사, 한국철학사, 현대사상, 불교학개론, 유식론, 비교종교학까지 섭렵했다. 독일어에 프랑스어도 익혔다. 학구열과 경쟁심으로 스스로도 너무한다 싶을 만큼 나를 몰아붙였다. 그러자 서울대교수협의회가 선정하는 '함춘장학생'이 덤으로 따라왔다. 정말 무지막지하게 공부에 몰입하던 시절이다.

머리뿐만 아니라 가슴으로도 열심히 뛰었다. 향학열로 충만한 마음에는 의협심도 가득했다. 1964년, 4학년 때 6.3사태를 맞이했다. 군사정부의 한일 국교 정상화에 반대하는 대학생들의 결집이었다. 반정부 집회 주역의 한 사람으로 지목돼 대공분실에서 고통스런 심문을 받기도 했다. 경찰에 검거되기 며칠 전부터 집 앞에서 어슬렁거리던 과일장수가 프락치였던 것 같다. 아무튼 사회의 성장통은 내게도 전염됐다.

5.18광주항쟁이 일어났던 1980년은 영남대 교수로 부임한 이듬해다. 교수민주화사건으로 합동수사본부에 불려가 심문을 당하기도 했다. 서울대의 경직된 연구 분위기에 실망해 옮긴 직장이었으나, 여기도 중생이 사는 곳이었다. 시기와 질투를 비롯해 온갖 투서로 곤혹스럽게 했다. 명상으로 마음을 다스리는 것은 물론 좋은 일이다. 그러나 가끔은 분노가 진실일 때도 있다.

나의 생활신조 가운데 하나는 "쓰지 않고 아끼다 녹슬어 없어지는 연장보다는 열심히 사용해 닳아 없어지는 연장이 되겠다"는 것이다. 85세 이상 고령자의 50%가 치매에 걸린다는 것을 1986년 뉴욕 발달장애연구소 연구원으로 가서 알게 되었다. 치매가 자연스러운 노화현상일 수도 있고 여러 가지 원인이 있겠으나, 나태하고 무절제한 삶의 업보로 볼 수도 있다는 게 개인적인 소신이다. 당사자들에겐 미안하지만 정상적인 뇌기능을 잃은 치매환자는 어쨌든 인간으로서의 존엄성을 상실한 상태다. 그러므로 인간으로서의 품위를 지키는 방법은, 뇌를 부지런히 쓰는 것이다.

쥐에게는 미안하지만

대학 졸업을 앞두고 진로를 고민했다. '다다익악(多多益惡)'이랄까, 이것저것 너무 많이 긁적거린 게 오히려 화근이었다. 대학원에 가려 해도 마음에 쏙 드는 전공이 없었다. 그럴 거면 취직을 하라는 주변의 타박에도 시큰둥해 했다. 답답한 마음에 지도교수의 방문을 열었다. 정양은 교수님은 내 대학생활의 든든한 멘토였다. 당신에게서 심리학의 기초가 되는 생리심리학에 도전하라는 권유를 들었다.

하지만 생리심리학은 그때만 해도 불모지였다. 우리나라 심리학계에서는 전공하는 교수조차 없었던 상황이다. 그래서 생리심리학을 제대로 공부하려면 애먼 의과대학 생리학교실로 가야 했다. 그러나 아무도 도전하지 않았던 만큼 내가 노력만 한다면 독보적인 입지를 굳힐 수 있는 '블루오션'이었다. 1965년 3월 서울 명동성당 안에 있던 가톨릭 의대 생리학교실에서 연구원 생활을 시작했다.

주변 교수님들의 도움으로 자리는 잡았으나 그 이후가 문제였다. 나는 책으로 기존의 사실을 익히는 심리학도였지 실험으로 새로운 사실을 직접 규명하는 '이학도(理學徒)'는 아니었던 것이다. 이전까지 실험용 흰쥐를 구경조차 못 해본 터였다. 문외한이었던 내가 모든 실험을 혼자 설계하고 진행해야 하니 막막하기가 이를 데 없었다. 결국 맨땅에 헤딩하듯 무작정 부딪히는 게 능사였다. 야전침대를 가져다두고 연구실에서 먹고 잤다.

밤에는 해부학과 생리학 원서를 닥치는 대로 읽었고, 낮에는 의대 교수들의 강의를 듣고 그들의 실험에 보조원으로 참여했다. 정말 까막눈이자 백지상태에서 내 평생 가장 힘들게 공부했던 시절이라고 말할 수 있다. 동시에 무리들 가운데 가장 가난한 대학원생이기도 했다. 조그만 냄비 하나와 수저 몇 개가 살림의 전부였다. 그때 우리나라에 라면이 처음으로 출시됐는데, 라면 한 박스를 미리 사두고 매 끼니를 때웠다. 반찬이 없어서 쥐에게 사료로 주던 멸치를 볶아먹기도 했다.

'헝그리' 정신으로 무장한 내가 몰입했던 화두는 뇌, 특히 해마(海馬, hippocampus)의 기능을 알아내는 것이었다. 대뇌피질 밑에 존재하는 해마는 지름은 1cm, 길이는 5cm의 갈고리 모양을 한 기관이다. 뇌의 해마가 기억에 중요한 역할을 한다는 사실은, 뇌과학에 조금이라도 관심 있는 사람이라면 들어봤을 법한 이야기다. 그러나 1960년대 중반만 해도 해마는 그리 조명 받지 못했다. 연구자들 역시 세계적으로 극소수였다.

내가 생리학교실에 들어가 연구할 수 있게 해준 세계적인 뇌과학자 김철 교수님을 도와 여러 가지 실험을 고안했다. 일례로 해마를 제거한 쥐와 정상적인 쥐를 상자 안에 넣어두었다. 쥐들의 행동을 48시간 동안 관찰했는데, 해마가 없는 쥐는 해마가 멀쩡한

쥐보다 2~3배 정도 활동성이 증가한다는 결과를 얻었다. 그렇게 실험실에서 먹고 자며 갖은 고생 끝에 거머쥔 결과는 뇌과학 최고 권위의 학술지인 「브레인 리서치(Brain Research)」에 논문이 연속으로 게재되면서 학계에 상당한 반향을 일으켰다. 당시 우리 연구팀이 얻은 성과들은 세계 표준의 생리학 교과서에 실려 많이 인용되었다.

우리의 삶을 지탱하는 기제 가운데 하나가 기억이다. 내 이름이 무엇인지, 가족과 친구들의 이름은 무엇인지, 내가 있는 곳은 어디인지, 통장에는 돈이 얼마나 남아있는지 기억할 수 있어야만 우리는 인생을 정상적으로 영위할 수 있는 법이다. 적군과 아군을 구별하고 주변정보와 위험요소를 머릿속에 정확히 담아두어야만 삶의 안전을 도모할 수 있는 것이다. 기억은 나의 정체성이자 살아갈 무기다.

그런데 가끔 똥인지 된장인지 사리분별을 제대로 하지 못하고 정신이 멍해지는 경우가 있는데, 극심한 충격을 받거나 두려움을 느낄 때다. 예컨대 흉악범이나 고약한 직장상사를 맞닥뜨리면 우리는 순간적으로 몸이 얼어붙어 꼼짝도 하지 못한다. 우리 연구팀은 이러한 '행동동결(凍結, freezing behavior)' 현상이 해마가 지나치게 자극을 받는 데서 비롯된 것이라 생각했다. 이와 같은 전제 아래서 '해마는 인간의 공포기억에도 지대한 영향을 미칠 것'이라는 가설을 세우게 됐다.

천적관계인 고양이와 야생 쥐를 실험대상으로 삼았다. 모든 연구원이 실험용 쥐를 구하기 위해 쥐덫을 보따리에 싸서 출근하는 해프닝도 있었다. 당시 내가 고안한 '실험 상황'은 다음과 같다. 고양이가 쥐를 향해 앞다리를 뻗칠 수는 있으나 몸은 빠져나올 수 없게 했다. 반면 쥐는 넓은 공간을 자유롭게 다닐 수 있게 했다.

상식적으로 쥐가 고양이에게 두려움을 느낀다면 고양이 쪽으로는 좀처럼 다가가지 않을 것이었다. 그러나 해마를 제거한 쥐는 유별났다. 그야말로 겁이 없어져서 고양이 앞으로 태연하게 접근하다가 결국 잡아먹히는 사태가 여러 번 발생했다. 쥐에게는 미안한 일이었지만, 실험은 대성공이었다. 해마가 공포기억에 관여한다는 사실을 입증했기 때문이다. 이 실험의 결과도 앞서 언급한 「브레인 리서치」에 게재되었다.

망가진 마음은 기어이 몸을 망친다

괴로움은 애오라지 나쁜 것처럼 보이지만, 알고 보면 괴로움이 우리를 살린다. 괴롭다는 자각이 있어야만, 목숨을 지킬 수 있는 것이다. 괴로움의 시작은 '편도체(amygdaloid nucleus)'에서 비롯된다. 우리의 몸은 위험스런 사태를 직면하거나 불쾌한 자극을 받을 때 신체 구석구석에 이를 신속하게 전달하는 두 개의 신경경로를 갖고 있다. 첫 번째 경로는 교감신경계(sympathetic nervous system : SNS)를 타고 나가는 'SNS 전파로'이고, 두 번째는 뇌 속의 시상하부(hypothalamus)에서 뇌하수체(pituitary gland)를 거쳐 부신(adrenal gland)에 이르는, 이른바 HPA 축으로 불리는 경로다.

예컨대 낯선 존재가 갑자기 나타나 생존을 위협하면 피가 머리로 치솟는 듯한 흥분 상태가 된다. 그리고 뇌의 명령에 따라 짧은 시간에 최대한 많은 혈액을 온몸으로 보내, 평소보다 힘차고 빠르게 대처할 수 있는 태세를 갖춘다. 그리고 우리는 초인적인 힘으로 곤경에 빠뜨리게 한 대상을 공격하거나 재빨리 도망을 치면서 위기를 모면한다. 이때 뇌 속에서는 측두엽 내부에 복숭아씨처럼 생긴 '편도체'가 위에 언급한 두 개의 경로를 순식간에 작동시킨다. 나의 인생 경험에 비추어보면 어린 시절 광견병에 걸린 개에게 물렸을 때나 6.25전쟁 중 갑작스러운 폭격을 만났을 때, 또는 심장에 이상이 생겼을 때나 교통사고가 났을 때, 그밖의 소소한 여러 위기사태를 경험했을 때 편도체가 발홍했을 것이다.

편도체가 '미쳐주지' 않으면 우리는 목숨을 담보하기 어렵다. 괴로움(스트레스)과 맞닥뜨리는 긴급사태가 벌어지면 뇌에서 괴로움에 반응하는 조직인 편도체는 상황을 제대로 파악하기도 전에 비상벨을 마구 울린다. 위험의 실체가 무엇인지 확인하기 전에, 일단은 살고 봐야 하겠기 때문이다. 편도체가 급격하게 활성화되면 온몸에 괴로움이 증폭 확산되어 간다. 가족이 밤늦게까지 귀가하지 않으면 온갖 불길한 상상에 휩싸이게 되는 까닭도, 전전두엽에서 보낸 정보를 편도체가 부정적 감정을 덧붙여 더욱 증폭시키기 때문이다.

이러한 괴로움에 대한 반응체계는 생명에게 일종의 재난구호시스템과 같다. 절체절명의 상황에서 초인적인 괴력과 기지를 발휘해 스스로 목숨을 구할 수 있는 건 바로 이 재난구호시스템 덕분이다. 인간의 신체는 비상사태라는 경고를 받았을 때 슈퍼맨 버금가는 놀라운 능력을 갖게 된다. 어떤 만삭의 임산부가 남편의 사고 소식을 듣고 정신없이 병원으로 뛰어갔는데, 가족 중에 자신이 가장 먼저 도착했더라는 이야기를 들은 적이 있다. 교통사고로 아들이 자동차 밑에 깔리자 어머니가 2.5톤이나 되는 차를 맨손으로 번쩍 들어 올려 아들을 구했다는 해외토픽도 전설처럼 전해진다.

편도체가 부지런히 활동하여, '코르티솔(Cortisol)'이라는 스트레스호르몬을 생성한다. 코르티솔의 대량 분비에 따라 신체는 보다 왕성하게 활동할 수 있다. 다만 이것이 지나치면 낭패에 처한다. 과잉활동이 적절하게 제어되지 못하면 만성 피로에 빠지고 기진맥진하게 된다. 순식간에 힘을 너무 많이 써버린 탓이다. 게다가 편도체의 과잉 흥분은 부정적 감정을 유발해 분노와 공포, 불안과 긴장 속에서 허우적거리게 만든다. 비유를 들자면 편도체라는 지휘관이 쉴 새 없이 내리는 작전을 부지런히 수행하다가, 전투를 끝까지 치러보기도 전에 모든 병사들이 지치고 마는 격이다.

편도체의 '닦달'은 결국 고등정신기능의 총사령부인 전전두피질의 기능을 떨어뜨림으로써 이성적 판단 능력을 저하시켜 감정적 대응만을 부추긴다. 빈대 잡으려다 초가삼간을 태우는 꼴이다. 불쾌하고 흥분된 상황에서는 이성적이고 냉철한 반응을 하지 못하고 부정적 감정에 치우쳐서 극단적인 판단을 하게 마련이다. 그래서 스트레스 과다는 오늘날 사회문제로 떠오른 분노조절장애의 주범이다. 사람을 때리거나 물건을 훔치면서 심지어 누군가를 죽여야만 문제가 해결된다는 잘못된 신호가 뇌에 전달되는 셈이다.

더욱 심각한 문제는 마음의 괴로움이 지속되면 이것이 몸의 괴로움으로 전이된다는 것이다. 스트레스가 과도하게 쌓이면 끝내 신체기능에 이상을 일으킨다. 어떤 일에 지나치게 신경을 쓰면 소화가 잘 되지 않는 법이다. 또한 심하게 긴장하면 아랫배가 살살 아파지는 경험은 누구에게나 흔하다. 위궤양, 대장염, 과민성

대장증후군과 같은 소화기 계통의 장애는 대표적인 스트레스성 질환이다.

더구나 면역력도 약해져 감기나 독감에 쉽게 걸리게 되고 상처도 잘 아물지 않는다. 스트레스가 크면 결국 큰 병으로 이어지게 마련이다. 동맥경화, 고혈압, 협심증, 심근경색, 뇌졸중과 같은 심혈관 계통 장애, 제2형 당뇨병, 생리 전 증후군, 발기 부전, 성욕 감퇴, 불임과 같은 내분비장애 등등. 정상적이지 않은 이성을 가진 대통령이 온 사회를 비정상으로 만드는 것처럼, 비정상적 편도체의 몸 통치는 온 몸을 힘들게 한다. 망가진 마음은 기어이 몸까지 망친다.

뇌의 진화

인간의 뇌는 경이롭다. 그렇다고 마냥 특이한 것만은 아니다. 일정한 원칙과 체계에 따라 질서정연하게 움직인다. 뇌는 이 세상에서 가장 세련된 정보처리 시스템이라고 말할 수 있다. 고도로 발달한 뇌의 기능을 잘 활용하기 위해서는 1,000억 개 이상의 뉴런과 뉴런들을 이어주는 신경회로가 원활하게 작동해야 한다. 우리의 모든 감정과 행동은 뇌의 조절과 통제에 의해 좌우된다고 해도 과언은 아니다. 그러나 우리는 이러한 뇌의 경이로움과 절대적인 역할에 대해 잘 모르는 것이 사실이다. 뇌가 가진 부정적 특질을 잠재우고 긍정적 특질을 부추길 수 있다면, 인생은 영원한 행복과 보다 가까워질 수 있다. 일단 우리의 뇌가 어떻게 진화되어 왔는지를 살펴보자. 뇌의 기능은 물론 괴로움의 뿌리와 전파과정, 나아가 행복으로 가는 치유의 길을 이해하는 데 도움이 될 수 있을 것이다.

이 지구상에 처음 생명체가 탄생한 것은 대략 35억만 년 전쯤이다. 이때 생긴 생명체는 단 하나의 세포로 구성된 바이러스와 같은 것이었다. 그러다가 거의 30억만 년이 지난 6억만 년 전쯤에 해파리처럼 몇 개의 세포를 갖는 다세포 생명체가 출현했다. 이 생명체는 감각기능을 담당하는 세포와 운동기능을 담당하는 세포로 기능이 분화됐다. 이때 정보를 전달하고 통합하는 전문기능세포, 즉 신경조직도 만들어졌다. 이때부터 진화를 통해 신경조직이 복잡하게 진화되어 '뇌'라는 최고의 기능사령부가 만들어진 것이다.

폴 맥린(Paul MacLean)이란 저명한 뇌 과학자는 생명체의 진화과정을 우리의 뇌 속에서 찾을 수 있다고 했다. 뇌는 파충류의 뇌, 원시포유류의 뇌, 그리고 신생포유류의 뇌 순으로 진화해 왔다는 것이 그의 주장이다. 파충류의 뇌란 현존하는 도마뱀의 뇌나 화석화된 공룡의 뇌를 가리킨다. 이 뇌는 오늘날 인간의 뇌에서 뇌간(brain stem)이라 부르는 곳이다. 생명유지를 위한 호흡, 맥박, 혈압 등 가장 기본적인 생물학적 기능을 담당하는 숨골(연수)과 각성, 이완을 담당하는 망상체가 근간을 이루고 있다. 파충류는 감정이나 이성이 없다. 오직 생명유지가 중심이다. 새끼를 돌보지도 않고 심지어는 잡아먹기까지 한다.

원시포유류의 뇌는 단순하고 구체적이며 일차적인 자극에 재빠르게 반응하도록 하는 반응체계와 강력한 충동이나 정서를 폭발시키도록 하는 뇌 부위로서 '피질하구조(subcortical structure)'가 중심이다. 이 피질하구조를 이루는 대표적인 뇌 구조는 앞서 내가 뇌과학을 처음 연구할 때 다루었다고 언급했던 편도체, 해마, 대상피질 같은 변연계 구조이다. 쥐, 토끼, 고양이, 개 등과 같은 원시포유류의 뇌에서 많이 발달되어 있다. 원시포유류는 새끼를 돌보고 학습과 기억을 하며, 공격할 땐 공격하고 도망갈 땐 도망간다.

원숭이, 침팬지, 고릴라, 오랑우탄, 인간 등 영장류(신포유류)의 뇌는 진화상 가장 최근에 만들어진 뇌로서, 대뇌 또는 대뇌피질이라 부르는 곳이 피질하구조 위에 추가되었다. 이 부위의 뇌는 복잡하고 개념적이고 추상적인 정신현상과 비교적 느리고 다양한(또한 산만한) 기능을 담당한다. 대뇌피질은 많은 하위구조의 뇌 부위들의 기능을 통제하고 감시하는 최고사령부라 할 수 있다. 또한 자식을 양육하고, 동료 간에 유대를 형성하고, 의사소통을 가능케 하고, 서로 협동하고 사랑하는 능력 등도 담당한다.

　　대뇌피질은 뇌의 교량(다리)이란 뜻의 '뇌량(腦梁)'에 의해 좌우 반구가 서로 연결되어 있다. 일반적으로 좌측 반구는 순차적이고 언어적이고 논리적인 정보를 처리하는 데 우선적이다. 반면 우측 반구는 전체적이고 시공간적인 형태정보의 처리에 우선적으로 진화되어 왔다. 물론 좌우 두 반구는 매우 밀접하게 연결되어 있어 동시에 협동적으로 작용한다. 사람의 대뇌피질은 유인원에 비해 3배 이상 크게 발달돼 있다. 주로 고등 정신현상을 담당하는 연합령이란 뇌가 발달했기 때문이다. 연합령의 최고사령부는 전두엽이며, 그중에서도 가장 앞쪽의 전전두피질이다. 이곳에서 모든 생각을 만들어낸다. 이 생각들의 대부분은 현실과 거리가 먼 망상 또는 환영이지만.

우울증에 대처하는 방법

어쩌면 심리장애가 신체장애보다 훨씬 더 무섭다. 자살이나 살인 같은 극단적인 폭력을 부르기 때문이다. 오늘날 국가적인 문제로 부상한 우울증과 분노조절장애가 대표적이다. 괴로움이 지속되면 교감신경계(SNS)와 시상하부-뇌하수체-부신(HPA)축을 반복적으로 자극하면서 편도체가 계속해서 경고음을 울려댄다. 경고반응의 누적은 정신적으로 몹시 불안한 상태를 야기하는데, 이를 일컬어 '상태불안(state anxiety)'이라 한다.

아울러 편도체는 의식적으로 자각할 수 없는 암묵기억을 불러내는 데도 관여한다. 암묵기억이란 바로 '트라우마'다. 상태불안이 심화된 단계가 '특성불안(trait anxiety)'이다. 상태불안의 지속은, 객관적인 현실이 아무리 안정적이라도 자꾸만 부정적으로 바라보게 되는 특성불안을 심화시킨다. 불우한 환경과 기억으로 인해 매사에 비관적인 사람은 특성불안이 강한 사람이다.

일반적으로 낯선 자극이 출현하면 처음엔 호기심으로 다가간다. 자극의 실체를 부지런히 탐색하면서 때로는 정신적인 활력마저 느낀다. 이런 반응은 노어에피네프린에 의해 매개되는 정위(정향) 반응이라 부른다. 그러나 같은 자극이 되풀이되면 점점 호기심이 시들해지면서 노어에피네프린의 분비가 줄어든다.

부모나 교사나 직장상사의 질책을 한번 들으면 자기발전의 계기로 삼기도 하지만, 자꾸 들으면 자기학대에 시달리게 되는 법이다. 노어에피네프린의 감소와 반비례해 스트레스호르몬인 코르티솔 분비가 늘어나기 시작한다. 관심과 흥미가 사라진 자리를 싫증과 짜증이 대체하는 것이다. 바로 우울증의 초기 증세다.

세로토닌(serotonin)이 급격하게 감소할 때 우울증이 발병한다는 게 신경생리학의 관점이다. 세로토닌은 행복하고 평화로운 마음상태를 유지하는 데 결정적인 역할을 하는 신경전달물질이다. 이른바 '행복호르몬'이 바로 이것이다. 그런데 만성적 괴로움은 세로토닌의 분비량을 떨어뜨린다.

세로토닌이 줄어들면 노어에피네프린의 수준까지 바닥으로 내려간다. 쾌감과 보상과 같은 즐거움을 매개하는 신경전달물질인 도파민의 분비도 낮춘다. 이와 반비례해 코르티솔 수치만 계속해서 늘어난다. 그리고 일상의 모든 것에 흥미를 잃고 의욕과 기력이 가라앉으면서 우울증은 한층 독해진다.

사업에 실패했다거나 회사에서 해고됐다거나 또는 사랑하는 사람을 잃었다거나, 아무리 커다란 슬픔을 당했더라도 정상인은 머지않아 그 슬픔을 극복하고 만다. 아무리 길게 잡아도 2주일이면 소멸한다. 하지만 우울증 환자들은 아주 사소한 자극에도 엄청난 심적 고통을 느끼고 좀처럼 고통에서 빠져나오지 못한다. 그래서 우울증의 주요한 판단 기준 가운데 하나가 '우울감이 2주일 이상 지속되느냐'는 것이다.

우울증은 단순한 우울감이 아니라 스트레스에 대한 면역체계가 완전히 붕괴되는 재앙이다. 우울증 환자들의 마음상태는 한 치의 과장도 없이, 정말 지옥이다. 도무지 잠을 못 자고 아무 일도 하지 못하고 가슴에서 불이 나고 숨이 막히는 현실을 희망 없이 버텨야 한다. 괜히 자살하는 게 아니다. '죽음만이 엄청난 고통에서 벗어나게 해주는 유일한 탈출구'라고 뇌가 인식하기 때문이다.

괴로움의 전파와 확산 과정은 우리가 의식하지 못하는 상태에서 은밀하게 진행된다. 어쩌면 우리의 분노와 절망이 생화학적 물질작용의 변화에서 비롯되는 것임을 자각하기만 해도 적절한 대처가 가능할 것이다. 이를테면 뇌가 나의 생존을 도우려다가, 본의 아니게 그 선의가 너무 지나쳐 사달을 일으킨 셈이다. 마치 자식이 잘 됐으면 하는 마음에 꾸짖고 나무라다가 급기야 자식을 죽이고 마는 부모와 같이.

괴로움의 이유에 대한 이해는 희망과 의욕을 북돋워 우리를 괴로움의 그림자에서 벗어날 수 있도록 한다. 예컨대 우울증의 원인은 원래 심리적으로 나약해서가 아니다. 분명히 말하면 뇌기능의 이상에 의한 일시적인 장애일 따름이다. 실제로 우울증에 걸리면 평소엔 별다른 어려움 없이 수월하게 해내던 업무를 정상적으로 수행할 수 없게 된다. 그리고 아무 것도 할 수 없다는 무기력감이 우울감보다 몇 배는 더 고통스럽다.

그러나 우울증도 감기나 배탈처럼, 질병에 지나지 않는다. 감기나 배탈에 걸리면 쉬고 약을 먹어야 낫는다. 우울증도 마찬가지다. 적절한 휴식과 함께 꾸준한 약물치료가 동반되면 6~8주 안에 대부분 호전된다. 과로와 대인관계 등 직장 내 스트레스가 원인이었다면 잠시 회사를 쉬어야 한다. 아무 일도 할 수 없다면 일단은 아무 일도 하지 않는 게 능사다. 우울증은 내가 못 나서 걸리는 병이 아니라 그저 누구나 걸릴 수 있는 병이다. 창피해 할 이유도 목숨을 버릴 이유도 없다.

최근에는 우울증의 재발 방지와 치료에 '마음챙김 명상에 기반을 둔 인지행동치료(Mindfulness Based Cognitive Therapy : MBCT)'가 미국, 캐나다, 영국, 프랑스 등 서구 선진국에서 붐을 이루고 있다. 이른바 인지행동치료의 제3의 물결이라 불린다. 요컨대 자신의 감정을 순간순간 알아차림(awareness)으로 적절하게 통제해갈 수 있다는 것이다.

좋은 생각은 기적도 만들어낸다

"생각이 바뀌면 세상이 달라진다."

19세기 말 심리학을 창시한 인물 가운데 한 명인 윌리엄 제임스(William James)의 명언이다. 많은 이들이 제임스의 이 명언을 금세기의 가장 위대한 발견이라고 평가한다. 스스로 세상을 어떤 마음으로 바라보느냐에 따라 세상의 모습이 결정된다는 게 제임스의 주장이다. 여기서 '세상이 달리 보인다'는 건 단순히 긍정적인 관점을 말하는 것이 아니다. 세상이 실제적으로 변화한다는 의미다.

오늘날 뇌 과학은 생각이 뇌를 바꿀 수 있다고 말한다. 생각이 뇌에서 분비되는 화학물질에 변화를 일으키기 때문이다. 생각·감정·학습 등의 정신적 과정은 도파민이나 세로토닌과 같은 감정 관련 물질과 아세틸콜린 같은 학습 관련 신경전달물질을 생성한다. 그리고 특정한 방향의 인지적 과정은 일정한 패턴을 형성한다. 긍정적인 마음이 지속되면 단순히 기분전환을 넘어 뇌의 물리적·화학적 구조 자체를 완전히 바꿔놓는다는 말이다.

두뇌활동은 화학적 현상인 동시에 전기적 현상이다. 예컨대 시냅스후 뉴런(신경세포)이 신경전달물질을 받으면 미약한 전기가 발생한다. 이를 일컬어 뉴런의 발화(發火)라고 하는데, 말하자면 신경이 흥분하는 현상이다. 아울러 같은 생각을 여러 번 반복하면 같은 종류의 신경전달물질이 거듭 방출된다. 이렇게 축적된 다량의 신경전달물질은 마침내 뉴런의 중심인 핵(nucleus)에까지 진입한다.

핵 안에는 핵산, 곧 DNA가 있는데 DNA 내부의 유전자들은 뉴런들 사이에 새로운 연결고리인 단백질을 생산하도록 명령한다. 결국 한 가지 생각을 계속해서 되풀이하면 뉴런들 사이에 이전에 없던 수상돌기(樹狀突起)가 만들어진다. 수상돌기란 나뭇가지처럼 생겼으며 신경세포에 달려 신경 자극을 중계하는 가느다란 세포막을 가리킨다. 생각이 자라면 나무 한 그루를 만든다고 할까. 결론적으로 우리의 생각이 뇌의 구조를 변화시키는 것이다.

특히 이러한 변화과정은 매우 빠르게 일어난다. 긍정적인 생각을 몇 분간만 지속해도 뉴런의 수상돌기가 엄청나게 많이 생성된다. 곧 긍정적인 생각을 오랜 시간 동안 꾸준히 이어나간다면, 기적도 가능하게 할 수 있다. 반면 우울이나 불안, 적개심과 같은 부정적인 생각에 휩싸이면 정반대의 현상이 일어나게 마련이다. 마음먹기에 따라 삶이 달라진다는 현자(賢者)들의 충고가 과학적으로 입증되는 대목이다.

뇌 안에는 신경전달물질과는 또 다른 뉴로펩티드(neuropeptide)라는 신경조절화학물질도 존재한다. 뉴로펩타이드라고도 한다. 우리의 다양한 마음상태에 따라 서로 다른 유형의 뉴로펩티드가 분비된다. 그리고 뉴로펩티드는 시냅스후 뉴런의 세포막에 있는

'수용체'라는 특정부위와 결합해 각각의 뉴런들을 접속시키는 역할을 한다. 최근에는 신경전달뿐만 아니라 광범위한 생리적 역할도 담당하는 것으로 확인됐다.

주목할 것은 수용체는 자기의 모양에 맞는 뉴로펩티드와만 선택적으로 결합한다는 점이다. 대표적인 뉴로펩티드인 '엔도르핀(endorphin)'을 예로 들어보자. 1980년대 엔도르핀은 '행복의 묘약'이라 하여 국내에서 크게 각광을 받았다. 신체와 정신의 건강에 기여하는 엔도르핀을 꾸준히 만들어내려면 자꾸 웃어야 한다던 어떤 건강전문가가 대중의 인기를 끌었다. 여하튼 40대 이상의 한국인이라면 누구나 들어봤을 법한 단어인데, 엔도르핀은 우리의 뇌가 자체적으로 생산해내는 일종의 아편 같은 마약이다.

만약 엔도르핀이라는 뉴로펩티드가 계속해서 생성되려면 이 엔도르핀을 받아들이는 수용체도 계속해서 만들어져야 한다. 반대로 엔도르핀이 줄어들면 수용체의 숫자도 감소한다. 예를 들어 대표적인 환각제이자 진통제이기도 한 아편을 장기간 복용하게 되면 아편에 대응하는 수용체 역시 늘어난다. 이를테면 전자가 열쇠라면 후자는 열쇠구멍이다.

행복의 문을 열려면 차츰 더 많은 열쇠와 함께 더 많은 열쇠구멍이 필요해지는 셈이다. 곧 처음과 같은 진통 효과를 얻으려면 보다 많은 아편이 요구되는 것이다. 이전의 만족감을 얻으려면 투여량을 몇 배씩 증가시키며 더 큰 자극을 원하게 된다. 환자가 고통을 줄이려다가 끝내 아편중독자가 되는 이유이다.

이는 우리가 슬픔에 빠졌을 때 좀처럼 빠져나오지 못하는 까닭과도 맥락이 닿는다. 실의에 빠진 사람은 몸 구석구석에 그 슬픔을 투사한다. 피부가 푸석해지고 혈액이 딱딱해진다. 슬플 때 흐르는 눈물은 기쁠 때 흐르는 눈물과 화학적 성분마저 다르다고 한다. 중요한 것은 특정한 뉴로펩티드는 그와 성격이 정반대인 뉴로펩티드를 통해서만 약화된다는 점이다. 다시 말해 의식적으로라도 긍정적인 생각을 지속적으로 떠올려서 뇌 안에 퍼뜨려야만, 번뇌의 사슬을 끊을 수 있는 것이다.

- ## 중요한 뇌의 화학물질

○　　신경전달물질(neurotransmitter)

도파민(dopamine): 보상이나 쾌감을 매개하는 물질이다. 인터넷중독이나 마약중독을 이야기할 때 자주 언급된다. 도파민이 부족해지면 우울증이나 파킨슨병을 앓을 확률이 높아진다. 반대로 지나치면 쾌락중독이나 정신분열증을 유발할 수 있다.

세로토닌(serotonin): 기분과 수면 또는 소화활동에 영향을 미친다. 세로토닌이 부족해지면 짜증과 공격성, 우울감을 증폭시키고 불면증을 낳는다. 우울증 치료에 사용되는 항우울제의 주요성분이다.

노어에피네프린(norepineprine): 노어아드레날린이라고도 한다. 경계심과 주의력을 높이는 각성 물질이다. 부족해지면 역시 우울증을 유발한다. 우울증에 걸리게 되면 일상적인 여러 기능을 수행하는 데 어려움을 겪게 된다.

아세틸콜린(acetylcholine): 각성과 학습, 운동과 관련이 있다. 아세틸콜린이 줄어들면 건망증이 나타나고 치매의 위험에 노출된다.

○　　　신경조절화학물질(neuropeptide)

엔도르핀(endorphin): 우리의 뇌 속에서 자연스럽게 만들어지는 마약성 물질이다. 스트레스를 완화시키고 위로감을 주고 통증을 줄여주며 쾌감을 증가시킨다.

옥시토신(oxytocin): 엄마가 아기를 돌보는 모성애, 부부 간의 애정 유지 등 친밀한 인간관계의 유지를 담당한다. 여자들이 남자들보다 사람에게 더 다정한 법이다. 이유 가운데 하나가 옥시토신을 더 많이 갖고 있기 때문이다.

○　　　기타 신경화학물질

코르티솔(cortisol): 스트레스가 장기간 지속되면 부신피질에서 분비되는 호르몬이다. 불쾌감을 관장하는 정서중추인 편도체를 자극해 심신의 긴장감을 높인다. 기억중추인 해마의 기능도 억제한다. 면역기능마저 약화시켜 신체와 정신에 다양한 질병을 가져온다.

사랑이라는 놀랍고도 신비로운 묘약

뉴로펩티드는 뇌에만 영향을 미치는 것이 아니다. 혈액을 타고 돌아다니며 신체 곳곳에 말썽을 일으킨다. 반대로 뉴로펩티드가 긍정적으로 작용하면 행복을 선사한다. 곧 마음과 몸이 서로 연결되어 있음을 보여주는 동시에 마음먹기에 따라 우리의 신체적 건강을 얼마든지 개선시킬 수 있다는 또 하나의 증거가 뉴로펩티드인 셈이다. 뉴로펩티드는 간장, 신장, 췌장, 창자, 생식기와 피부에 중요한 역할을 한다. 이밖에도 혈당, 혈압, 심장박동, 호흡, 체온, 내분비계통, 면역계통, 성욕, 식욕 같은 실로 다양한 생리와 심리현상에 파급력을 발휘한다. 마음이 평안하고 즐거우면 신체기관의 활동도 안정적으로 진행되지만, 마음이 불편하고 괴로우면 신체활동이 교란되어 질병이 생기게 마련이다.

저명한 신경과학자인 캔더스 퍼트(Candas Pert) 박사는 불안, 우울, 적개심과 같은 부정적 정서상태가 면역계통에 공격을 가해 질병을 야기한다는 가설을 세웠다. 그녀의 가설은 '감정과 같은 마음활동이 신경활동, 내분비활동, 면역활동과 연동된다'는 이른바 '심리신경내분비면역학(psychoneuroendoimmunology : PNI)'이라는 신생과학의 이론적 토대를 구축하는 데 커다란 기여를 했다. 우리의 마음은 몸에, 몸은 마음에 끊임없이 영향을 주고받는 쌍방향적

관계라는 사실이 드러났다. 마음이 편안해야 몸도 편안하다든가, 건강한 육체에 건강한 정신이 깃든다든가 하는 옛 사람들의 지혜가 현대과학으로 증명된 것이다.

특정한 마음상태가 지속되면 그에 걸맞은 신경전달물질이 분비된다. 이것이 뉴런의 DNA 속에 있는 유전자를 작동시켜 뉴런들 사이에 새로운 연결부를 만드는 단백질을 생성한다. 또 우리의 마음은 뇌세포뿐만 아니라 신체를 구성하는 세포들에도 영향을 미친다. 뉴로펩티드는 신체 모든 영역에 분포되어 있어서 각 개체의 세포체를 거쳐 세포핵과 DNA, 그리고 유전자 작용에 변화를 일으킨다. 자극을 받은 유전자가 움직이면 새로운 단백질이 생성되는데, 이렇게 만들어진 단백질들이 우리 몸을 이루는 세포의 기본 소재가 된다. 이 단백질이 조직세포, 혈액세포, 혈관세포, 면역세포 등 우리 몸을 구성하는 세포의 기본재료가 되는 것이다.

신체가 손상되었다가 원래대로 회복되는 과정을 상상해보자. 이때 유전자는 새로운 단백질을 만들어 부상을 입은 조직을 정상으로 되돌려 놓으며 치유과정을 돕는다. 예컨대 피부에 상처가 나서 피를 흘리게 되면 우리 몸은 신속하게 새로운 단백질을 만들어 혈액을 응고시키고 지혈작용을 일으키며 스스로를 보호한다. 그런데 상처가 치유될 때 정서적으로 지나치게 흥분하거나 긴장을 하게 되면 치유 속도가 그만큼 더뎌진다. 흥분과 긴장에 해당하는 유전자가 활발하게 작동되면서 치유에 필요한 유전자 활동이 그만큼 억제되는 것이다.

반대로 사랑이나 지지를 받으면 외롭거나 스트레스를 받는 경우에 비해 병에 덜 걸린다. 사랑이 질병 예방에 도움이 된다는 사실을 밝힌 재미있는 연구 결과를 살펴보자. 휴스턴대학의 로버트 네렘(Robert Nerem) 박사는 사랑과 돌봄이 심장병의 발생을 억제하는 데 매우 중요한 역할을 한다는 것을 토끼 실험을 통해 증명했다. 토끼는 심혈관계가 사람과 매우 유사하기 때문에 인간의 심혈관질환 연구에 유용하게 쓰인다.

　　네렘 박사는 유전적으로 동일한 혈통을 가진 토끼들을 일정 기간 동안 콜레스테롤이 다량 함유된 음식을 먹여 의도적으로 동맥경화를 일으키려 했다. 그런데 예상했던 결과는 부분적으로만 나티났다. 곧 3단의 선반으로 구성된 사육 상자 가운데 아래 두 선반에서 사육된 토끼들에서는 동맥경화가 일어나지 않았다. 다만 제일 위층의 선반에서 사육된 토끼들에게만 동맥경화가 관찰됐다. 똑같은 방에서 생활하며 똑같은 사료를 먹고 똑같은 사육사가 길렀는데, 이렇게 됐다. 까닭이 뭘까 궁리하던 네렘 박사는 어느 날 사육사에게서 해답의 실마리를 찾았다. 사육사는 키가 작은 여자였다.

　　토끼에게 먹이를 주려고 사육실에 올 때마다 아래 두 선반에 있는 토끼들은 먹이를 준 뒤 한 마리씩 끄집어내어 안아주고 쓰다듬어주었다. 그러나 너무 높아서 키가 닿지 않는 맨 위층 선반에 있는 토끼들에게는 기계적으로 먹이만 집어넣어 주었을 뿐 특별한 관심과 애정을 보여주지 못했다. 결국 매일같이 사랑의 손길로

감싸준 토끼들은 비록 콜레스테롤 덩어리의 음식을 먹고서도 동맥경화 발병률이 60%나 감소했다. 이밖에 혈압과 심장박동률도 눈에 띄게 좋아졌다. 사랑을 받는 것이 질병의 예방과 치유에 얼마나 중요한 역할을 하는지 보여주는 동물실험이다.

chapter 5.

멈추고 봐야 제대로 보인다

생각이 바뀌면
세상이 달라진다.
진짜 달라진다.

—

윌리엄 제임스

시베리아 북행 열차에 올라타라

내가 나일 수 있는 이유는 의외로 간명하다. 내가 가진 기억 덕분이다. 내가 나이고 나였음을 잊지 않아야만 비로소 나는 존재할 수 있다. 내가 나를 기억하지 못한다면 나는 어디에도 존재하지 않는다. 기억은 곧 정체성이다. 하여 기억을 잃어버린 치매 환자들은 인생의 의미를 상실한 것이나 마찬가지다. 내가 기억하지 못하는 이는 가족이어도 타인이다. 나를 나이게끔 하는 기억은 이처럼 중요하다. 한편으로 기억하고 싶지 않은 기억은 사람을 병들게 하고 미치게 한다.

우리의 기억은 크게 암묵기억과 명시기억으로 나뉜다. 암묵기억은 지나간 기억의 잔재들이 의식의 깊은 곳에 남아 현재의 삶에 영향을 주는 기억이다. 암묵기억을 우리는 의식적으로는 기억해내지 못하지만, 언젠가는 현재의 임무를 수행하는 데 영향을 미친다. 예컨대 운전을 오랫동안 하지 않았던 사람이라도 다시 운전대를 잡게 되면 자연스럽게 운전을 할 수 있게 되는 이치와 같다. 이른바 '몸이 기억한다'고 할 때의 그 기억이다. 또 다른 기억인 명시기억은 특정한 사건이나 정보가 의식선상으로 떠오르는 기억으로, 일반적으로 말하는 기억현상이다. 과거의 장면을 회상하는 능력이라고 생각하면 된다.

우리의 마음상태를 지배하는 것은 주로 암묵기억이다. 정신분석학에서 말하는 무의식 또는 불교에서 말하는 업식(業識)이 바로 그것이다. 앞서 살펴보았듯, 뇌는 부정적인 감정을 우선적으로 받아들여 저장함으로써 생존에 보다 유리한 환경을 조성한다. 그래서 부정적인 암묵기억이 긍정적인 암묵기억보다 더 강하고 빠르게 성장하는 경향이 있다. 또한 그로 인해서 우리의 마음은 본능적으로 더욱 우울하고 염세적으로 쭈그러들기 십상이다.

마음의 평안을 얻는 방법은 간단하다. '수용'과 '확산'이라는 이중 전략이 필요하다. 부정적인 경험은 억누르지 않고 자연스럽게 끄집어내어 털어내고, 긍정적인 경험은 적극적으로 증장시켜 나가는 것이다. 가급적 좋은 기억만 간직하면 된다는 뜻이다. 유익하고 즐거웠던 경험을 끊임없이 연상하면서 잊지 않으려는 노력을 계속하면, 슬프고 끔찍했던 경험을 차츰 누그러뜨릴 수 있다. 그리고 이러한 연습을 통해 뇌가 행복해지면 신체 역시 행복해진다. 면역기능이 향상되고 스트레스에 대한 심혈관계의 반응성이 둔해진다. 낙천성과 적극성을 관장하는 좌측 전두엽이 활성화되기 때문이다.

'긍정경험 연습'은 아이들의 정서발달에도 이롭다. 자녀들에게 하루 동안 있었던 일들 가운데 즐거웠던 경험을 의도적으로 회상하게끔 훈련을 시킬 것을 권한다. 긍정적 경험을 부지런히 끄집어내는 가운데 긍정적인 정서가 암묵기억 속에 자라나게 되면, 뇌역시 부정적 편향성에서 긍정적 편향성으로 바뀌게 된다. 트라우마도 치유할 수 있다.

'헛것일 뿐인 생각에 끌려 다니지 말라.' '반응하기 전에 관찰하라.' '화를 내기 전에 심호흡을 하라.' 베스트셀러『무소유』의 저자인 법정 스님이 누차 강조한 '늘 깨어있는 삶'의 요지다. 깨어있는 사람은 욕망과 분노의 노예가 되지 않는다. 술김에, 홧김에, 내친 김에 살다가 우리는 얼마나 많은 실수를 반복하고 타인에게 상처를 입히는가. 멈추고 봐야 또한 다르게 봐야, 비로소 제대로 보이는 법이다.

필자는 스트레스에 잘 대처하기 위한 요령에 관해 많은 질문을 받는다. 그럴 때면 이렇게 조언한다.

"어떤 걱정거리 또는 난처한 일이 발생했을 경우, 먼저 멈춰서라(Stop). 그리고 호흡하고(Breathe) 상황을 살펴라(Notice). 마지막으로 적절한 반응을 선택하라(Reaction)."

약자로 'SBNR'이다. 알기 쉽게 시베리아 북행 열차를 타는 것에 비유하는데, SB는 시베리아, NR은 북행 열차다. 열(스트레스) 받았을 때 주저없이 차디찬 시베리아 북행 열차를 올라타면, 열이 식혀질 것이다.

물론 우리의 뇌는 본질적으로 부정적인 사고에 치우치기 쉽게 설계되어 있다. 주어진 환경에 분노하거나 타인을 공격하려는 유전자들이 뇌 속 깊이 박혀 있기에, 의도적으로라도 생각의 흐름을 바꾸지 않으면 스스로가 자초한 번뇌의 도가니 속으로 흘러가 버리기 십상이다. 그러므로 행복해지고 싶다면 꾸준한 연습이 필요하다. 뇌 안에 새로운 회로를 만들어야 한다. 여기 한 실험이 있다. 교인 20명을 모아서 고무밴드 다섯 개를 주며 왼팔에 끼워두고, 불평불만이 일어날 때마다 고무밴드를 왼팔에서 오른팔로 옮기라는 실험을 진행했다. 피험자들이 자신의 마음을 다스리며 살아온 결과 4~8개월이 지나고 나니 하루에 하나의 고무줄도 옮길 일이 없어졌더라는 것이다.

살면서 좋은 기억만 갖고 살기란 몹시 어려운 일이다. 그러나 이 오르막길만 끝나면 평지에 이를 수 있다는 희망으로 한 걸음 한 걸음씩 뚜벅뚜벅 전진해야 한다. 좋은 기억만 간직하고 선한 행동을 반복하다 보면 뉴런도 감동하는 법이다. 스스로를 꾸준히 믿고 사랑하면, 뇌는 기필코 바뀐다. 이것이 바로 수행에 의해 뇌가 바뀌는 이치다.

안정된 마음은 어디에서 오는가

(마음) 밖으로 모든 인연을 쉬고 안으로 헐떡이지 않으면 능히
도(道)에 들어가리라.
－『이종입(二種入)』

중국의 선불교를 창시한 달마 대사의 법문이다. 역사 속의 달마
는 남인도 팔라바왕조의 왕자 출신으로 반야다라(般若多羅)에게
서 깨달음을 인가받았다. 서기 527년 중국으로 건너와 교화했다.
그의 일관된 가르침은 '모두가 있는 그대로 본래 부처'라는 것이
었다.

자신이 이미 부처임을 바로 보면, '부처님'을 찾아 소원을 빌
거나 그에게 의탁해야 할 이유가 없다. 내가 부처임을 믿고 내게
주어진 현실을 용기 있게 헤쳐 나가면 그것이 곧 깨달음의 길이
다. 훌륭한 부처님이 따로 있고 못난 중생이 따로 있다는 생각은
마음놀음에 지나지 않는다. 내가 부처이니 내게 주어진 고통은 내
가 해결하면 그만이다. 무심(無心)이 곧 불심(佛心)인 것이다.

평정심. 흔들리지 않는 마음이란, 어느 한쪽으로 기울어지지
않은 채 고요하고 차분한 상태를 유지하는 것을 말한다. 부동심
(不動心)이라 해도 좋고 평상심(平常心)이라 해도 좋다. 이름을 무

엇이라 부르건 간에, 우리는 지독한 열등감과 질투심에 시달릴 때마다 평정심을 간곡하게 그리워한다. 타인이 괴롭히고 불행이 괴롭히고 '괴롭힘을 당한다'는 생각에 스스로를 괴롭히면서, 인생은 지옥 속으로 조금씩 미끄러져 들어간다.

사람의 마음은 끊임없이 흔들린다. 이것도 뇌의 작용 때문이다. 뇌는 외부의 자극에 신속하게 반응하기 위해 계속해서 생각을 만들어낸다. 욕심을 내다가 화를 내다가 우울해하다가 불안해하다가 끙끙거리면서 좀처럼 갈피를 잡지 못한다. 결국 뇌의 부정적 편향성을 멈춰 세워야만 평정심을 유지할 수 있게 마련이다. 무엇보다 모든 현상에 대해 일일이 평가하거나 판단하거나 심판하려는 마음을 일으키지 말아야 한다. 이를테면 생각에 대해 생각하지 말아야 한다는 것이다.

일어나는 현상에 무턱대고 반응하기에 앞서, 차분하게 관찰하는 것이 평정심을 이루는 기본이다. 마음속에 일어난 번뇌를 가만히 바라보고 음미하면서 그것이 나타났다가 바뀌었다가 사라져가는 모습을 지켜보는 연습이 필요하다. 특히 평정심을 유지하려면 '자아'와 '느낌' 사이에 일정한 완충공간을 두는 것이 중요하다. 이러한 연습을 통해 지혜를 기르는 신경회로가 만들어진다.

이를테면 지금 짜증이 난다면, 우선 내 마음에서 짜증이 났다는 것을 먼저 관찰하라. 그렇게 되면 자극에 즉각적으로 반응해 휩쓸리지 않을 수 있는 여지를 얻게 된다. 평정심이란 느낌으로부터 갈망으로, 갈망으로부터 집착으로, 집착으로부터 괴로움으로 이어지는 통상적인 마음경로를 차단함으로써 얻어지는 결실이다.

평정심을 유지할 때의 뇌 상태는 독특하다. 일반적으로 뇌는 이해와 계획 등을 관장하는 전전두엽이 시시각각 상황을 인지하고 판단하여 신체로 하여금 적절한 반응을 선택하도록 만든다. 그러나 마음이 평온해지면 전전두엽이 아닌 감정을 지배하는 변연계가 신체를 주도한다. 그런데 본래 변연계는 '쾌(快)' 또는 '불쾌'와 같은 감각적인 느낌에 자동적으로 반응하게 하는 기관이다. 중요한 것은 평정심 상태에 도달하게 되면 느낌에 따라 즉각적으로 반응하게 마련인 변연계가 어느 순간 적절하게 통제된다. 곧 평정심이라는 마음의 상태는, 변연계가 원래의 역할을 망각하고 뜬금없이 '착해지면서' 얻어지는 자못 역설적인 결과다.

쏠림과 흔들림이 없는 안정된 마음은 전전두피질(PFC)과 변연계에 속하는 전방대상피질(ACC)이 중요한 역할을 담당한다. 이해(理解)는 PFC가 맡고, 유지와 지속은 주로 ACC가 맡는다. 평정심이 지속되면 ACC의 활성이 점차 낮아지면서 의식과 관련된 신경망도 안정성을 회복한다. 이때 의식의 활동공간이 크게 확장되면서 마음속의 분별, 대립, 시비와 같은 갈등이 사라진다. 이른바 바다와 같이 넓은 마음을 얻게 되는 지점이다. 또 뇌의 여러 영역들 사이를 가로질러 수백 억 개의 뉴런들이 초당 30~80회 정도 빠르게 규칙적으로 박동하는 감마(γ)파라는 뇌파도 보여준다. 이런 뇌파 파형은 명상수련을 오래한 승려들의 뇌에서 흔히 발견된다.

제행무상(諸行無常)이다. 우리가 경험하는 세상은 끊임없이 변화한다. 그래서 불완전하고 덧없다. 돌이켜 생각하면, 언제나 변화하기 때문에 일일이 반응할 필요가 없다. 쾌락과 불쾌라는 극단적 관점에서 벗어나 장기적이고 포용적인 시각으로 사태와 문제를 바라보는 것. 이렇게 한 차원 높은 마음의 상태에 대한 이해를 바로 미망(迷妄)의 상태에서 벗어나 깨어난 상태, 즉 각성(覺性)의 상태라고 명명할 수 있다. 각성의 상태란 바로 평정심·평상심·부동심의 상태인 것이다.

웃음은 슬픔을 멀리 밀쳐낸다

20세기 초반 프로이트는 심리학에 혁명을 일으켰다. 이성이나 합리성 같은 인간의 의식에 중점을 두던 연구풍토를, 성적 충동이나 죽음에의 본능 같은 무의식에 대한 관심으로 돌려놓았다. 이때부터 심리학의 주요 테마에는 공격성, 좌절, 불안, 긴장 등 부정적 태도가 자리했다. 21세기가 되면서 분위기는 또 다시 바뀌었다. 이제는 '긍정심리학'이 새롭게 주목받는 상황이다. 과거에는 다루지 않았던 긍정, 행복, 사랑, 낙천, 건강, 명상 등이 심리학자들의 이목을 끌고 있는 것이다.

제2차 세계대전의 참화 속에서 조국을 구한 영국의 수상 윈스턴 처칠은 이렇게 말했다. "비관주의자들은 모든 기회를 어려움으로 보지만, 낙천주의자들은 모든 어려움을 기회로 본다"고. 이 얼마나 의미심장한가. 똑같은 상황에서 낙천주의자는 도전을 하지만, 비관주의자는 도망갈 궁리만 한다. 같은 질병을 진단받아도 낙천주의자는 건강을 회복하리란 희망을 갖지만, 비관주의자는 스스로 만들어낸 불안과 공포로 더욱 황폐해진다. 처칠은 히틀러에 의해 수도 런던이 폭격당하는 등 어떠한 위기의 순간에서도 카메라 앞에서 웃음을 잃지 않았다. 그의 웃음은 국민들에게 믿음과 자신감을 심어줬고 끝내 그들과 함께 국난을 이겨냈다.

긍정적인 마음의 힘과 관련된 흥미로운 실험이 있다. 2002년 미국의 메이요 클리닉에서는 447명의 환자를 30년간 추적한 보고서를 냈다. 보고서에 따르면 평소 낙천적인 태도를 지녔던 사람들은 비관적인 태도를 지녔던 사람에 비해 30년 이내에 사망할 확률이 절반에 지나지 않았다. 더구나 낙천주의자들은 활력이 넘쳤고 이런저런 통증으로 괴로워하는 일도 적었다. 보고서는 이들이 내내 평화롭고 행복했으며 안정적으로 생을 마감했다고 전하고 있다. 이와 같이 낙천적인 사고방식은 우리의 몸을 건강으로 이끈다. 실제로 긍정적인 생각의 지속은 면역기능을 전체적으로 강화함으로써 각종 세균과 바이러스에 대한 저항력을 높인다.

2006년 「정신신체의학(Psychosomatic medicine)」이란 학술지에 코헨(Cohen)이라는 면역학자가 흥미로운 논문을 발표했다. 193명의 건강한 정상인을 대상으로 심리검사를 실시했다. 사람들을 긍정적·낙천적 성격의 집단과 부정적 비관적 성격의 집단으로 분류한 뒤, 모든 피험자의 콧구멍에 감기바이러스와 독감바이러스가 융해된 묽은 액체를 떨어뜨렸다. 신기하게도 매사에 희희낙락하고 유유자적한 사람들은, 걸핏하면 투덜대는 사람들보다 감기에 걸리는 확률이 현저하게 떨어졌다. 긍정의 힘은 면역체의 기능을 높여 병균마저 함부로 접근하지 못하도록 하는 것이다. 웃음은 슬픔을 멀리 밀쳐낸다. 반면 슬픔은 눈물을 타고 온몸을 물들인다.

걸림돌이 디딤돌이다

자본주의가 끝 모르게 성장하면서 현대인들에게 심장병이 커다란 문제가 되고 있다. 경쟁은 갈수록 치열해지고 세상은 급변하는 상황 속에서, 마음은 쉽사리 흔들리고 헐떡이고 결국엔 바스라진다. 미국, 영국, 독일 등 서구 선진국의 경우, 심장병을 포함한 순환기계 질환으로 인한 사망률이 압도적인 1위다. 수십 년째 선진국을 따라잡으려 발버둥치는 우리나라 역시 이들을 닮아가고 있다. 스트레스와 과로에 따른 심근경색이 40·50대 남성들의 생명을 위협한 지 오래다.

  마음은 으레 심장에 비유된다. 곧 심장병의 위험에서 벗어나는 첫머리는 긍정적인 마음가짐을 갖는 것이다. 미국 존스홉킨스 의과대학의 베커(Becker) 교수는 586명의 심장병 환자들을 대상으로 연구를 진행했다. 연구결과를 담은 2001년 논문의 제목은 '심장병을 예방하는 가장 좋은 방법'이다. 평소 행복감, 환희감, 낙천감 등 환하고 여유로운 감정을 느끼는 환자들이 부정적 감정에서 허우적대는 환자들에 비해 생존율이 20% 이상 높다는 보고가 실렸다.

  이러한 사실은 듀크 의과대학의 브루메트(Brummet) 교수가 866명의 심장병 환자들 대상으로 11년간 진행한 연구에서도 확인됐다. 2007년 하버드 의대 큐브잔스키(Kubzansky) 박사팀의 연구는 표집대상을 6,265명으로 대폭 늘렸다. 결과는 동일했다. 자신의 삶에 보람을 느끼며 주어진 일에 최선을 다 하는 사람들은 스스로 병을 치유하는 기적을 행했다. 결론적으로 '정서적 활력감'을 가지는 것이 심장병 예방에 특효임을 보여줬다.

가장 흥미로운 연구는 유타대학의 스미스(Smith) 교수팀에게서 나왔다. 150쌍의 부부들을 대상으로 적개심과 심장병 발병 사이의 상관관계를 살펴봤다. 금슬이 좋은 부부들은 건강한 심장을 갖고 있었던 반면, 견원지간의 부부들에게선 동맥경화로 인한 심장질환이 수도 없이 발견됐다. 부부간 서로에 대한 이해와 사랑이 서로의 병을 예방하고 치료하기도 한다는 사실을 시사하는 대목이다.

2003년 미국심장병학회는 30여 년간 심리적 태도와 심장병 발병 간의 관계를 추적하면서 '적개심이 심장병의 가장 위험한 요인'이라고 결론을 내렸다. 삼독심(三毒心) 즉 탐욕과 증오와 어리석음이 모든 재앙의 원인이 된다던 붓다의 말씀이 이와 정확히 일치한다. 원하는 것을 얻지 못해 안달내고 싸우다가, 자신도 모르게 마음속의 불길을 키워 미련하게도 제 몸을 스스로 태워 없애는 꼴이다.

서로에 대한 이해와 사랑이란, 궁극적으로 자신의 삶을 이해하고 사랑하려는 마음이다. 타인을 이해하고 사랑함으로써 안정적으로 유지되는 대인관계는 결국 내 마음을 평온하게 만들어 삶의 질서를 보장한다. 긍정적인 사람들은 인생에서 부딪히는 모든 걸림돌들을 또 다른 성장과 발전을 위한 디딤돌로 바라본다. 반면 부정적인 사람들은 같은 문제를 비극으로만 여기고 회피하거나 남 탓할 구실만을 찾는다.

　시카고 대학의 링크(Rynk) 교수는 회사의 구조조정에 따른 해고불안 스트레스를 받던 200여 명 임원들의 심리상태를 조사했다. 일자리를 잃더라도 제2의 인생을 시작할 기회로 삼겠다고 응답한 임원들은 질병 발병률이 30% 남짓에 불과했다. 이에 반해 해고의 아픔을 못 견딜 것이라고 토로한 임원들은 열에 아홉이 병에 걸렸다. 되는 대로 살아가는 자에게 인생은 짐일 뿐이지만, 도전하는 자에게 인생은 필시 복이다.

뇌를 쓰면 쓸수록 젊게 산다

긍정적으로 살면 덜 늙는다. 더 오래 살고 더 건강하게 살아갈 수 있다. 미국 예일대는 660명의 노인들에게 "나이가 많은 노인은 세상에서 쓸모없는 존재인가?"와 같은 질문에 동의하는지 아니면 동의하지 않는지를 물으며 심리적인 성향을 조사했다. 동의하지 않는 노인들은 긍정적 성격의 소유자라고 할 수 있겠다. 조사를 통해 노화를 부끄러워하지 않는 노인들은 자괴감에 빠진 노인들보다 평균적으로 무려 7.5년이나 더 생존한다는 결과를 얻었다.

연구자들은 심리적인 요인이 혈압이나 콜레스테롤 수치, 흡연 여부와 같은 생물학적 건강요인보다 더 큰 영향력을 갖는다고 결론지었다. 텍사스대학 연구팀에서도 65세 이상 노인 2,564명을 상대로 이와 비슷한 조사를 실시했다. 이들은 긍정적인 정서와 태도가 혈압을 낮추고, 더 활기차게 걷게 하고, 심지어 손의 악력(握力)을 강하게 하고, 튼튼한 몸을 유지하는 데 기여한다는 것을 밝혀냈다.

요컨대 세월에 따른 노화에 굴하지 않고 몸과 마음을 더욱 적극적이고 활기차게 다루면, 오랫동안 건강을 유지할 수 있는 데다 비록 병에 걸렸더라도 더 빨리 회복할 수 있다는 것이다. 사람들은 나이가 들어 신체기능이 쇠약해지면 정신적 능력도 약화된다고 믿는다. 그러나 이는 고정관념에 불과하다. 두뇌와 신체는 시간이 흐르면서 필연적으로 조금씩 쇠락하는 듯싶지만 천만의 말씀이다. 어떤 마음을 먹느냐에 따라 노화는 충분히 늦출 수 있다.

최근 뇌를 전문적으로 훈련시키는 특수연구기관에서 일하는 과학자들이 노화로 인한 정신력의 쇠퇴현상을 역전시킬 수 있다는 놀라운 연구결과를 발표했다. 바로 뇌는 쓰면 쓸수록 더 강해진다는 것이었다. 적절한 운동을 처방하면 근육이 단단해지고 활력을 되찾는 것과 동일한 이치다. 세상에 대한 호기심을 잃지 않고 새로운 목표에 꾸준히 도전하는 삶은 치매마저 멀리 내쫓는다. 뇌는 단순한 고깃덩어리가 아니다. '다양한 경험'과 '깊은 성찰'과 '과감한 행동'이라는 연료를 지속적으로 주입해주면, 결코 멈추지 않는 무한동력의 엔진과 같다.

뇌의 경이로운 회복력을 보여주는 실험 하나를 소개한다. 60세에서 87세에 이르는 노인들이 8주간의 청각기억향상프로그램에 참여했다. 하루 한 시간씩 닷새에 걸쳐 특정한 소리를 듣도록 했다. 프로그램이 종료되던 날, 이들의 기억력은 40~60대의 기억력에 필적했다. 곧 정신능력이 평균적으로 자그마치 20세나 젊어진 것이다. 2006년 미국 국립과학아카데미 회보에 게재된 내용이다.

1990년 랭어(Langer) 박사가 출간한 『마음챙김(Mindfulness)』이라는 책에는 하버드대의 심리학자들이 1989년에 발표한 재미있는 논문이 실렸다. 70세 이상의 노인들을 특별한 요양센터에 1

주일간 머물게 했다. 연구진은 이들의 생활환경을 정확히 30년 전인 1959년의 모습으로 재현해주었다. 그때에 유행하던 옷을 입혔고 그때에 방영된 TV프로그램을 틀어줬다. 노인들은 1959년에 유행하던 팝송을 들으며 1959년에 나온 시사 잡지를 읽었다. 심지어 대화까지도 1959년에 있었던 사건과 화제를 소재로만 나누게 했다. 한창 열정적으로 일하던 마흔 살의 삶으로 되돌아가게 해준 셈이다.

실험을 시작하기 직전, 연구팀은 노인들의 키와 손가락 길이, 근력과 시력과 인지능력과 같은 각종 생리적·심리적 능력치를 미리 측정해두었다. 이후 노인들이 요양센터에서 나온 후 다시 검사를 실시했다. 그리고 고작 1주일을 살았을 따름인데 기절초풍할 만한 변화가 일어났다.

거짓말처럼, 노인들의 키가 커졌다! 손가락 길이도 길어졌다. 인지력과 기억력과 판단력 등 정신능력이 전체적으로 향상된 것은 물론이다. 어떤 참가자는 몸과 마음이 모두 25년이나 젊어졌다는 판정을 받았다. 뇌에게 30년 전으로 돌아갔다는 착각을 심어준 것뿐인데, 뇌가 정말 30년 전으로 돌아가 버린 것이다.

이렇듯 뇌는 쓰면 쓸수록 강해진다. 아울러 강해진 뇌는 몸도 건강하게 만든다. 늙었다는 핑계로 게을러지거나 움츠러들면 더 늙는다. 뇌과학자들은 뇌에 젊음을 찾아주는 방법으로 으레 새로운 외국어를 학습하길 권장한다. 뇌를 많이 활용할 수 있는 지름길이기 때문이다. 실제로 노인들의 외국어 배우기는 알츠하이머병(치매)를 예방하는 데 효과가 있다는 전언이다. 왕성한 호기심으로 새로운 자극을 받아들이는 인지훈련을 열심히 할 경우, 그렇지 않은 경우에 비해 치매 발병률이 47%나 줄어든다. 개인적으로도 정년퇴직 이후 10년 동안 매년 한 권 이상의 책을 쓰거나 번역하고 있다. 기회가 있을 때마다 전국을 무대로 강의와 심포지엄에 적극적으로 참여하며 뇌를 녹슬게 하지 않으려 한다.

행복한 사람은 자존감이 높다

감사하는 마음은 행복으로 가는 지름길이다. 12세에서 80세까지의 연령층을 대상으로 일기를 써보라고 시켰다. 20명에겐 일상에서 감사할 만한 내용을 공책에 쓰고, 나머지에겐 아무 내용이나 쓰라고 했다. 그러자 감사의 일기를 쓴 집단의 4분의 3이 행복지수가 높아졌다. 또한 일의 능률이나 운동수행 능력도 좋아졌다. 단언컨대 일체유심조(一切唯心造)다.

앞서 누누이 설명했듯 심리적 태도는 건강을 좌우한다. 긍정적인 마음가짐은 건강을 유지시키고 또한 되찾아준다. 긍정적인 마음가짐의 핵심은 진취적인 마음가짐이다. 아무리 흔하고 보잘것 없는 범사(凡事)라 해도 관심과 애정을 갖고, 열심히 그 숨은 의미를 알아내려 하고, 최선을 다해 일하라. 그리고 결과에 만족하라. 행복이란 흔히 생각하는 것처럼 사회적 지위의 높이나 은행 잔고의 두께에 있지 않다. 만족할 줄 알며[知足, 지족] 분수를 지킬 줄 알며[知分, 지분] 적당한 선에서 멈출 줄 아는[知止, 지지] 지혜가 행복의 근본적인 조건이다.

핀란드 큐피오 대학의 과학자들은 2만여 명의 건강한 성인을 대상으로 20여 년 동안 만족감이 삶의 질에 얼마나 영향을 미치는지를 연구했다. 이를 통해 일상에 즐거움과 흥미를 느끼며 열정적으로 살아가는 사람들이, 짜증과 푸념을 입에 달고 사는 사람들보다 질병에 걸리거나 사망할 확률이 3분의 1 정도 낮다는 사실을 밝혀냈다. 셰익스피어는 『햄릿』에서 "선과 악은 따로 있지 않다. 오직 생각하는 대로 선악이 갈라진다."는 명언을 남겼다.

행복에 이르는 또 하나의 길은 이타적인 마음가짐이다. 베풀면서 살 줄 알아야 한다. 2008년 캐나다 밴쿠버에 위치한 브리티시 컬럼비아대학의 심리학자 엘리자베스 던(Elizabeth Dunn) 박사는 632명을 대상으로 한 흥미로운 연구를 「사이언스」지(誌)에 발표했다. 수입이 많든 적든 남을 위해 돈을 쓰는 사람과 자기만을 위해 돈을 쓰는 사람의 행복감을 조사했다. 결과는 굳이 말하지 않아도 알 수 있을 것이다. 더불어 연말 보너스를 누군가에게 주는 선물비용이나 자선기금으로 사용한 사람이, 자기 배 불리는 데만 쓰는 사람보다 더 행복해하더라는 실험사례도 있다.

행복은 물질이 아니다. 눈에 보이지 않고 실재하지도 않는다. 어쩌면 스스로 행복하다고 여기면 정말로 행복해지는, 자기암시일 뿐이다. 나만을 위한 삶은 결국 나를 지지해주는 자가 나밖에 없는 격이므로, 어쩔 수 없이 외로워지게 마련이다. 만족할 줄 알고 친절할 줄 아는 마음이 중요한 이유는 그것이 결정적으로 자존감을 높여주기 때문이다. 내가 꽤나 가치 있는 인간이고 세상에 쓸모 있는 존재라는 확신이 행복이라는 감정을 만들어내고 지속시키는 것이다.

우리에겐 자신의 마음속에 일어난 생각과 대화를 나누는, 이른바 '독백'이라는 습관이 있다. 이런 자기대화는 대부분 부정적 내용이다. 그리고 부정적 자기대화는 스스로를 위축시킨다. "야, 이 돌대가리야", "그것밖에 못하겠니", "왜 그런 짓을 했니", "너는 절대 해낼 수 없어" 등등 자기부정을 일삼는 사람은 자기가 만든 감옥에 제풀에 갇힌다. 부모로부터 끊임없는 질책과 저주를 들으며 자란 아이에게선 결코 밝은 미래를 기대할 수 없다. 타인의 비난이 무서운 이유는 그것이 끝내 자기학대로 이어지기 때문이다. 부정적인 사고에 익숙한 사람일수록 더 그렇다.

하지만 생각의 감옥이란 말 그대로 생각일 뿐이어서, 생각만 바꾸면 쉽게 빠져나올 수 있다. 그러므로 긍정적이고 낙천적으로 자기대화를 하는 습관을 들여야 한다. "너는 가능해", "최선을 다한 거야", "다시 시작하면 돼", "너는 기필코 해낼 수 있어"라고 끊임없이 되뇌다 보면 자신감을 찾을 수 있다. 밝고 명랑한 말들을 통한 자기암시는 뇌에게 긍정적 신호를 보내주는 일이다.

사랑을 듬뿍 받고 자란 아이가 진정으로 남을 사랑할 줄 안다. 같은 맥락에서 자신의 뇌를 사랑할 때 뇌 역시 감동한다. 우리의 뇌는 수십만 년 전부터 인류가 쌓아올린 진화의 총체다. 곧 무한한 잠재력을 지닌 우리의 뇌는 살면서 겪게 되는 수많은 문제와 난관들에 반드시 해답을 일러줄 것이다.

심신을 달래주는 티베트 의학에 주목하라

어느 나라든 오지에 사는 사람들은 의료혜택을 받기가 어렵다. 병원을 세우기 어렵고 의사가 가기를 꺼린다. 히말라야산맥이나 안데스산맥에서 생활하는 주민들은 병이 나면 주로 승려나 주술사에게 의지한다고 한다. 그리고 그들은 풀잎이나 나무뿌리 또는 광물질과 같은 천연물을 약재로 삼아 환자들을 치료한다. 그중에서도 수천 년의 역사를 지닌 티베트 의학이 문명세계의 의사들에게 주목받고 있다.

히말라야에 막히고 사막이 드넓은 티베트다. 대대로 다른 문화권과의 소통이 원활하지 못한 처지였다. 반면 몹시 험준한 고산지대라는 지리적 특성 때문에, 토착신앙인 불교에 바탕을 둔 독자적인 의학시스템이 발달했다. 티베트 의학은 불교의 마음수행에 입각한 심리치료체계 그리고 험한 산자락에서 자라는 진귀한 약초와 광물질을 활용한 약물치료체계의 결합으로 국민들의 건강을 돌본다.

현대 심신의학의 창시자인 하버드 의대 허버트 벤슨 교수가 1981년 달라이 라마의 초청으로 다람살라를 방문했다. 그는 명상 수련자들을 대상으로 그들이 명상하는 동안 신체기능이 어떻게 변화하는지를 측정했다. 동시에 전통방식을 고수하는 티베트의 의사들이 환자를 어떻게 치료하는지도 유심히 살펴봤다. 다음은 벤슨 교수가 1986년 출간한 『이완반응을 넘어서』라는 책에 기술된 내용이다. "서양의학의 관점으로 보면 어쭙잖은 민간요법에 불과할 것"이라면서도, "치료효과는 분명 탁월하다"는 경이감이 나타난다.

"티베트 의사들은 수천 년 이상 전해 내려온 의학 전통에 따라 환자들을 진료한다. 서구의학의 보편적 방식과는 여러 모로 다르다. 이들은 치료의 첫 번째 전제조건은 '환자의 믿음'이라고 강조한다. 나을 수 있다는 믿음이 치료의 시작이라는 것이다. 진찰할 때는 한 시간 정도 환자의 맥을 짚는다. 단순히 심장박동 정도를 체크하는 것이 아니다. 맥을 짚으면 신체 내부의 모든 장기가 정상적으로 작동하는지, 몸속 구석구석에 염증은 없는지 여부를 탐지할 수 있다는 게 이들의 확신이다."

벤슨의 시선에는 무엇보다 티베트 의사들의 '정성(精誠)'이 가장 두드러진 차별성으로 비쳐졌다.

"서구의 의사들과 달리 소변검사를 직접 하며 의사와 환자 간의 소통과 교감을 매우 중시한다. 소변검사도 자못 충격적이다. 문명사회의 여느 병원에서처럼 컵에 담아 검사실로 보내는 대신, 의사가 손수 오줌을 눈으로 보고 냄새도 맡아본다. 이렇게 세밀하고 세심한 관찰을 거쳐 비로소 환자에게 가장 적합한 약재를 선택한다. 약재는 수천 종에 달하는 천연재료다. 희귀한 풀도 있고 쇳가루도 있고 말린 뱀도 있다. 서양의학의 지식으로는 설명할 수 없다. 확실한 건, 어찌 됐든 임상적으로 두드러진 성과를 낸다는 사실이다."

워낙에 명상이 보편화된 민족이어선지, 티베트인들에겐 명상으로 인해 생기는 고유한 질환마저 있다. 이들에겐 흔한 병인 '룽(Rlung)'이라는 것이다. 불안감과 가벼운 우울증, 어지러움 또는 참을 수 없는 감정의 분출이 '룽'의 주요 증상이다. 과다한 긴장 또는 장기간의 단백질 결핍, 단식에 따른 영양실조나 육체적 피로의 누적 등을 원인으로 본다. 현지인들은 잘못된 방법으로 명상을 했을 때 나타나는 경증(輕症)의 정신병으로 인식한다.

예컨대 마음을 억지로 집중하려고 할 때 잘 걸린다는 전언이다. '룽' 환자들에 대한 티베트 의사들의 1차적인 치료법은 자연스러운 대화를 통해 마음을 일단 진정시켜주는 것이다. 그 다음 명상을 중지시키고 긴장을 풀어준 뒤, 야크 젖과 같은 단백질이 풍부한 음식을 먹이고 적절한 약재를 처방해준다. 천연약재 처방과 심리치료를 병행하며 심신을 동시에 달래주는 티베트 의학의 효능은 혀를 찰 만큼 놀랍다는 게 벤슨 교수의 지론이다.

티베트 병원에 항생제가 도입된 것은 극히 최근의 일이다. 특히 외과적인 수술은 여전히 금지돼 있다. 기계적으로 진찰하고 무심하게 메스를 드는 양방(洋方) 의사들은 그저 '가짜 약(플라시보)' 효과가 아닐까 업신여길 수도 있다. 그러나 벤슨 교수는 티베트 의학의 기저에 자리한 '믿음'이란 가치는 단순히 얄팍한 최면술 따위는 아니라고 주장한다.

티베트에서는 의사나 환자나, 상대방을 철저하게 신뢰하면서 치료를 하고 치료를 받는다. 환자는 의사의 처방과 조언을 충실히 따르고, 의사는 환자가 자신이 인도하는 대로 따라올 것이라 철석같이 믿는다. 나을 수 있다는 믿음이 낫게 하고 실제로도 그렇다. 어쩌면 마음이 진실로 깨끗하고 순수해야만, 비로소 몸을 정화할 수 있는 것이라는 생각이 든다.

병균만이 아니라 사랑도 전염된다

국제정치의 역학관계 속에서 달라이 라마의 영향력이 커져서일까. 티베트 의학도 전 세계적으로 주목받고 있다. 나을 수 있다는 확고한 믿음이 질병 치료에 긍정적으로 작용한다는 것을 점점 더 많은 의사들이 동의하는 추세다. 서양의학에서는 마음의 힘을 '플라시보 효과(placebo effect)' 또는 '위약(僞藥) 효과'라 하며 대수롭지 않게 취급해 왔다. 플라시보는 '나는 곧 좋아질 거야(I shall please).'라는 뜻의 라틴어다.

예컨대 의사들은 해당 질병에 대한 치료성분이 전혀 없는 약을 쥐어주며 환자들을 안심시키곤 한다. 원인 모를 두통에 시달리는 사람에게 따뜻한 격려와 함께, 뜬금없이 소화제를 처방하는 식이다. 그러나 '심신의학(Mind-Body Medicine)'이 새로운 의료 패러다임으로 부상하면서 플라시보 효과 역시 재해석돼야 한다는 입장이 강력하게 대두되고 있다. 심리적인 착각 또는 왜곡이라 치부하기엔 실질적으로 괄목할 만한 치료성과를 내고 있기 때문이다.

1987년은 심신의학의 기반이 다져지던 시기다. 그해 달라이 라마와 티베트의 승려들은 '마음과 생명 협의회'를 창립했다. 서구의 의사를 비롯해 인지과학자 신경과학자 심리학자들과 함께 2년에 한 번 씩 만나 정보와 견해를 교환하는 모임이다. 이 단체의 회원들은 '불교의학의 핵심은 첫째 환자의 믿음, 둘째 의사의 믿음, 셋째 의사와 환자 사이의 상호간 믿음'이라는 데 뜻을 같이 한다.

사실 믿음의 효력에 대해 회의적인 사람이라면, 티베트 의사에게서 치료를 받은들 그리 도움이 되지 않을 것이다. 그러나 마음먹기 나름이다. 의사와 환자가 동일한 믿음을 공유하고 영적인 치유의 힘에 확신을 갖는다면 충분히 쾌차할 수 있다. 똑같은 약제를 처방했는데도 왜 어떤 환자는 눈에 띄게 좋아지고 어떤 환자는 주야장천 그대로인지…. 의사들의 공통된 경험이자 골칫거리다. 여러 이유가 있을 수 있겠지만, 의사와 약물에 대한 환자의 믿음 때문이다.

환자에게 의사는 절대적인 존재다. 의사의 의심은 환자에게도 고스란히 전이되게 마련이다. 의사가 따뜻한 위로를 통해 완쾌에 대한 확신을 주지 못한다면 환자는 불안에 떨 수밖에 없다. 공포와 낙담으로 인해 나을 병도 낫지 않는다. 그러므로 환자에게 희망을 북돋워줄 수 있는 의사가 최고의 의사다. 예로부터 동양의학에서는 마음의 힘을 이용해 환자를 돌보는 의사를 '심의(心醫)'라 부르며 극진한 존경을 표한다.

구태여 의사가 아니더라도 믿음이 가는 가족이나 친구가 곁에 있어주는 것만으로도 치료와 회복에 이바지한다. 유명한 사례로 중앙아메리카 과테말라의 임신부들을 상대로 한 연구가 눈길을 끈다. 과테말라에는 가족과 친구가 출산을 앞둔 여성을 며칠 동안 옆에서 지켜보며 격려해주는 전통이 있다. 분만과정에서 애정과 관심을 받은 산모들은 배려를 받지 못한 산모들보다 합병증의 발병률이 현저하게 낮았다. 산통 기간도 짧았고 출산 자체가 쉬웠다. 기력을 빨리 되찾으니 아기를 낳은 뒤 병상에서 일어나 앉아 있는 시간도 상대적으로 길었다. 당연히 그 시간만큼 아이에게 더 많은 사랑을 줄 수 있었다. 병균만이 아니라 사랑도 전염되는 셈이다.

마음이 보약이고 마음이 백신이다

어째서 가짜 약이 진짜 약과 동일한 효과를 갖는 것일까. 이를 객관적으로 설명할 수 있다면 믿음의 치유력도 입증할 수 있을 것이다. 1993년 하버드 의대의 코실린(Kossylin) 박사가 '양전자 방출 단층기법(PET)'을 적용한 연구가 이에 대한 최초의 과학적 도전이었다. 그리고 우리가 실제로 일어났다고 믿는 현상이란, 알고 보면 우리의 마음이 만들어낸 현상이란 사실이 드러났다.

코실린은 먼저 PET를 이용해 진짜 정보와 상상 속의 정보를 처리하는 뇌의 기제가 서로 다른지 여부를 밝히려 했다. 일단 피험자들의 눈앞에 문자가 적혀 있는 격자를 제시했다. 그리고 그것을 쳐다보는 동안 뇌의 어떤 부위가 활동하는지 PET 촬영으로 알아봤다. 그 다음엔 문자가 적히지 않은 격자를 보여주고 방금 전에 봤던 문자가 적힌 격자의 내용을 떠올려보라고 한 뒤 그 순간을 PET로 찍었다.

경이롭게도 문자가 적힌 격자를 보든 적히지 않은 격자를 보든, 동일한 뇌의 부위가 움직였다. 코실린의 실험은 마음으로 상상한 내용이나 실제로 목격한 내용이나 결국엔 똑같다는 걸 보여준다. 2000년대 들어 좀 더 정밀한 뇌 활동 측정기계인 fMRI가 발명되고 일선 병원에 보급됐다. 드디어 플라시보 효과는 미신을 넘어 과학의 반열에 올랐다. 모든 꽃은 필경 마음속의 꽃이다.

파킨슨병은 노인들에게 흔히 나타나는 대표적인 운동장애다. 정신은 멀쩡한데 몸이 서서히 굳으면서 운동이 잘 되지 않고 마침내 움직이지 못하게 되는 질병이다. 파킨슨병의 원인은 앞서 소개한 신경전달물질 '도파민'이 뇌에서 원활히 생성되지 못해 생기는 것으로 알려져 있다. 2001년 「사이언스」지(誌)에 파킨슨병 환자들을 통해 플라시보 효과를 검증한 논문이 게재됐다.

사연은 이와 같다. 파킨슨병 환자들에게 치료약이라 속이고 가짜 약을 처방해주었다. 그러자 운신을 매우 힘들어하던 노인들이 전보다 훨씬 더 잘 걷는 등 운동능력이 크게 개선됐다. 게다가 뇌에서 운동을 통제하는 부분인 복측 선조체(ventral striatum)라는 뇌 부위가 진짜 약을 먹었을 때와 유사하게 활기를 띠었다. 아울러 이곳에서 도파민이 만들어진다는 것까지 fMRI 촬영으로 규명됐다.

좀 더 심도 깊은 연구가 꾸준히 진행된다면 세계의학계에서 심신의학은 확고한 위상을 획득할 수 있을 것으로 기대된다. 허버트 벤슨 박사는 "병원을 찾는 환자의 75%는 약물을 처방하지 않아도 스스로의 힘으로 나을 수 있다"며 다소 파격적인 주장을 펼치는 인물이다. 그러나 명상이나 기도만으로도 치유가 가능하다는 가설은 조금씩 진리에 다가가고 있다. 약(藥)이나 신(神)이 아닌, 자신에 대한 믿음이 자신을 구원하는 것이다.

마음먹기에 따라 가짜 약은 진짜 약이 된다. 1978년 캘리포니

아대 샌프란시스코 의대의 레빈(Levin) 박사 연구팀은 위약을 복용한 환자의 뇌 속에 특정한 화학물질이 만들어진다는 사실을 발견했다. 저명한 의학 학술지 「랜시트(Lancet)」에 발표된 내용이다. 환자가 진짜 약이란 믿음으로 가짜 약을 먹었더니, 실제로 천연 마약성 진통제인 엔도르핀이 생성되더라는 것이다. 다수의 과학자들은 마음의 작용이 실질적으로 화학물질을 이끌어낸다고 보고 있다.

이처럼 뇌가 생산하는 천연성 물질들은 수많은 질병을 치료한다. 이를 두고 '자기치유'라 하는 것이다. 단적으로 말하면 우리의 뇌 속엔 제약공장이 있다. 자신이 어떤 병에 걸렸는지에 따라 그 질병의 특성에 적합한 치료제를 스스로 개발해내는 것이다. 마치 의사가 진찰을 통해 환자의 질병을 밝혀내고 의사가 그 질병에 알맞은 약을 처방하는 일련의 과정들이 뇌의 내부에서 벌어지는 셈이다. 『당신의 유전자에 존재하는 지니(Genie)』라는 저서에서 "마음이 유전자를 바꾼다"고 주장한 도슨 처치(Dawson Church) 박사는 "우리의 뇌는 이미 놀랄 만큼 많은 약물을 보관하고 있는 약국과 같다"고 말했다. 마치 요술램프에서 나와 알라딘을 도와주는 아라비안나이트의 지니처럼 말이다.

이탈리아 토리노 의과대학의 베네데티(Benedetti) 박사는 플라시보 효과를 가장 많이 연구한 학자로 알려져 있다. 그는 진통제라는 '물질'에 앞서, 이 약을 먹으면 진통이 될 것이라는 '믿음'이 통증을 줄여준다는 가설을 입증했다. 예컨대 대표적인 항우울제인 프로작을 처방해준다 하고 실제로는 플라시보를 줬다. 그런데 우울증과 무관한 이 알약을 입에 넣어도 프로작을 복용했을 때와 똑같이 뇌 부위가 활성화된다는 사실이 영상촬영으로 통해 확인됐다.

　다시 한 번 강조하지만 플라시보 효과를 절대 허투루 보아서는 안 된다. 우리가 어떤 효과를 기대하고 그 효과가 일어나리라 마음속으로 굳게 믿으면, 뇌는 그 믿음을 직접적으로 성취하기 위한 화학물질을 기어코 만들어낸다. 일체유심조(一切唯心造)는 단순히 이념이 아니라 현실인 것이다. 우리가 어떤 약을 먹을 때 치료가 될 것이라고 강력하게 믿는다면 그 효과는 극대화되게 마련이다. 마음의 힘을 존중해야 할 까닭이 여기에 있다. 마음이 보약이고 마음이 백신이다.

믿음의 힘과 치유의 힘

미국의 시사주간지 「타임(Time)」은 1996년 6월24일자 표지기사를 '믿음과 치유(Faith and Healing)'란 제목으로 냈다. 종교적 믿음이 건강을 얼마나 증진시키는지를 과학적인 차원에서 면밀하게 다뤘다. 우선 1995년 다트머스 대학의 메디컬센터에서 진행한 연구를 근거로 내세웠다. 심장병 수술로 새 생명을 얻은 232명의 환자들은 자신이 살아남을 수 있었던 가장 큰 요인으로 신앙심을 꼽았다. 그들은 특별한 종교가 없다고 밝힌 사람들보다 생존 확률이 3배 이상 높았다.

미국 국립보건원의 데이비드 라슨(David Larson) 박사는 고혈압 환자의 혈압을 30여 년에 걸쳐 꾸준히 체크했다. 그리고 종교 집회에 나가는 사람들이 나가지 않는 사람들에 비해 평균 5㎜ 정도 혈압이 낮다는 결과를 얻었다. 심장병 발병률 역시 절반에 지나지 않았다. 열심히 종교를 믿는 사람들은 우울증이나 불안 관련 질환도 무종교인보다 적게 걸렸다. 신앙심이 건강에 중요한 영향을 미친다는 지표다.

왁스만(Waxman) 박사도 종교적 믿음이나 사회적 지지가 심장수술 후 사망률에 미치는 영향을 6개월 동안 연구했다. 그리고 수술 이후 적절한 의학적 치료를 받았다 하더라도 종교적 위안을 얻지 못했다면, 정기적으로 종교모임에 참석한 사람들보다 자그마치 4배나 사망률이 높다는 사실을 알아냈다. 여러 연구 결과들은 독실한 믿음을 갖고 종교집회에 적극적으로 참여해 그 믿음을 실천에 옮기면, 건강과 장수에 크게 도움이 된다는 것을 이야기해 주고 있다.

종교와 건강 사이에는 과연 어떠한 생리적 메커니즘이 있는 것일까. '신앙심이야말로 영혼의 생명수'라는 전제에서, 이완명상의 창시자인 허버트 벤슨 박사도 연구에 착수했다. 그리고 "이완반응 명상을 하면 심장박동률과 호흡률과 뇌파가 느려지고, 근육의 긴장은 이완되고, 에피네프린이나 기타 스트레스 관련 호르몬의 분비가 감소된다"고 보고했다. 아울러 이완반응 명상을 정기적으로 수련하면 불면증 환자의 75%가 정상적으로 수면을 취할 수 있게 되고, 불임으로 고생하는 여성의 35%가 임신을 할 수 있게 되며, 만성 통증 환자의 34%가 진통제 사용량을 대폭 줄일 수 있음도 확인해줬다.

특정 종교의 경험을 말하자는 게 아니다. 이기주의와 방탕한 생활을 권장하는 종교는 이 세상 어디에도 없다. 예수님이든 부처님이든 정직하고 성실하게, 서로에게 호의를 베풀면서 사이좋게 살라고 가르쳤다. 그리고 그런 사람들끼리 집회에 모이니 분위기가 화기애애할 수밖에 없고, 자신이 보호받고 있다는 느낌도 가질 수 있다. 게다가 독실한 신자들은 종교적 가르침에 의거해 음주, 흡연, 약물남용을 하지 않는 등 철저하게 자기관리를 하려고 노력

한다. 신체적으로나 정신적으로나 병을 키울 일이 그만큼 적어지는 셈이다.

벤슨은 이완반응 명상을 하는 동안 '신(神)'에게 강하게 밀착하는 느낌을 받았다고 고백한 만성통증 환자를 5년 동안 지켜봤다. 환자들의 종교적인 열정은 보다 빠른 회복을 가져왔다. 벤슨은 간절한 기도나 이완반응 명상이 평화로움과 이완감을 야기하는 신경통로를 활성화시킨다고 보았다. 그 대신 에피네프린과 코르티솔 같은 스트레스호르몬의 분비를 줄여 혈압을 낮추고 심장박동률과 호흡률을 늦춰 신체에 유익한 영향을 미쳤다.

이완반응과 마찬가지로 종교적 경험 또한 숨겨져 있던 뇌의 능력을 발현하는 데 기여한다. 아직까지 이완반응을 일으키는 뇌 부위와 신앙적 체험을 일으키는 뇌 부위가 정확히 일치하는지는 밝혀지지 않았다. 그러나 이완반응 명상이 정서의 중추로서, 불안·공포·공격성을 유발하는 편도체(Amygdala)의 활성을 억제한다는 것은 분명한 사실이다.

편도체는 해마, 중격핵, 대상피질 그리고 시상하부에 있는 유두체와 함께 변연계(Limbic system)를 이룬다. 변연계는 편도체가 주관하는 각종 정서를 비롯해 성적인 쾌감, 기억 그리고 영성(靈性) 체험에 결정적인 역할을 담당하는 뇌 부위다. 아울러 편도체가 계속해서 활성화되면 신을 만나는 사례도 있다.

뇌수술 과정에서 환자의 해마나 편도체를 전기적으로 자극하면, 혼수상태 중에 천사나 악마를 보았다는 사람들이 종종 보고된다. 아울러 약물남용 또는 뇌종양으로 인해 변연계가 끊임없이 자극을 받는 환자는 훗날 종교적으로 광신도가 되는 경우가 많다. 프랑스를 백년전쟁의 위기에서 건져낸 성녀(聖女) 잔 다르크는 '조국을 구하라'는 신의 계시를 받을 당시 뇌종양을 앓고 있었다는 설이 있다. 어떤 신경과학자는 기도 중에 의식을 잃거나 '방언'을 격렬하게 쏟아내는 등의 신비한 종교적 체험이, 알고 보면 두뇌활동의 급격한 변화일 뿐이라고 주장하기도 한다.

탈(脫)종교화 현상이 만연하고 있다. 신이나 영성(靈性)을 믿는 사람들이 점점 줄어든다. 문명과 지성의 발달로 인한 당연한 수순일 수도 있겠다. 그러나 이는 인간을 더욱 오만하게 만드는 원인이라는 생각이다. 최소한 어느 종교든지, 믿으면 행복해진다. 겸허해지고 착실해지고 정서가 안정된다.

종교적 믿음의 세계에 대한 영적인 상상이 가져다주는 플라시보 효과는 한편으로는 이완반응에서 얻어지는 그것보다 더욱 강력하다고 볼 수도 있다. 벤슨은 1997년 저술한 『영원한 치유』라는 책에서 "모든 질병의 60~90%가 믿음을 통해 치유될 수 있다"고 역설했다. 그야말로 믿음의 힘을 믿는다면 치유의 힘 역시 극대화되리란, 믿음이다.

플라시보 효과의 검증

토리노 의대 베네데티 박사팀은 경기력 향상을 위해 진통제를 정기적으로 사용하는 육상선수들을 대상으로 플라시보 효과를 검증했다. 경기 당일 진통제 대신 '진통제'라면서 가짜 약을 줬다. 그런데 가짜 약을 복용한 선수들의 성적이 실제 진통제를 먹은 선수들의 성적과 전혀 차이가 없었다. 진짜 진통제와 똑같은 천연 진통제가 몸 안에 분비돼 운동능력이 향상된 것이다. 이는 2007년 「신경과학」 학회지에 발표된 내용이다.

어떤 마음으로 일을 하느냐에 따라 짜증나는 노동도 신나는 운동이 될 수 있다. 호텔의 메이드(Maid)는 객실 안의 침구를 갈고 청소를 하는 종업원을 가리킨다. 어찌 보면 이들의 수고는 단순노동에 지나지 않는다. 이때 메이드들에게 당신들의 노동량은 미국 공중위생성이 권장하는 1일 운동량의 기준치를 초과한다고 귀띔을 해주었다. 다시 말해 그저 일이 아니라 다이어트를 하고 있다고 '비행기를 태워준' 셈이다. 한편 또 다른 집단에겐 아무런 정보도 일러주지 않았다.

한 달이 지난 후 두 집단의 메이드들을 상대로 신체검사를 진행했다. 자신의 노동이 운동이라 믿은 여성들의 경우 체중과 체지방이 동시에 감소했다. 허리와 엉덩이 둘레도 줄었으며 혈압 역시 10% 이상 떨어졌다. 반면 그냥 밥벌이일 뿐이라 여긴 여성들에겐 별다른 변화가 나타나지 않았다. 자기가 하는 일이 건강에 좋다고 믿은 사실만으로 진짜 건강이 좋아진 것이다. 좋은 믿음은 좋은 결과를 가져다준다.

이번엔 반대로 편견이나 선입견 같은 잘못된 믿음이 얼마나 나쁜 결과를 초래하는지 알아보자. 으레 우리는 남자가 여자보다 수학을 잘 하고 여자는 남자보다 언어능력이 우수하다고들 한다. 남자는 이른바 이과(理科) 체질, 여자는 문과(文科) 체질이 많다는 것이고, 이는 대학입시 진학지도에도 곧잘 반영된다. 2006년 「사이언스」지에는 이러한 통념이 과연 사실인지를 검증한 논문이 게재됐다.

220명의 여대생을 피험자로 한 실험이다. 전체를 동수로 나눈 뒤 한 집단의 110명에게는 가짜 논문을 읽게 했다. 논문에는 남성의 성염색체 속에 여성보다 5% 정도 수학문제를 잘 풀 수 있는 인자가 들어있다는 내용이 담겨 있었다. 물론 사실무근이다. 다만 남자가 여자보다 선천적으로 수학능력이 뛰어나다는 선입견을 주입받은 것이다. 반면 또 다른 110명의 여학생들에게는 성격이 전혀 반대인 또 하나의 낭설을 속삭였다. 남자가 5% 정도 수학능력이 우수하다는 인식은 '어린 시절 당신의 교사들이 고정관념을 심어준 것뿐'이라는 주장을 담은 가짜 논문을 읽게 했다. 역시 검증되지 않은 거짓말이었다.

상반된 내용의 가짜 논문을 읽은 뒤에 두 집단의 피험자들은 수학능력검사를 치렀다. 결과는 매우 흥미로웠다. 남녀 간의 수학능력 차이가 단지 고정관념일 뿐이라는 논문을 읽은 쪽이, 유전적 특성에 따른 운명이라는 논문을 읽은 쪽보다 점수가 훨씬 높았다. 편견이 얼마나 무서운 것이며 또한 편견을 버리면 얼마나 뛰어난 능력을 발휘할 수 있는지를 보여주는 대목이다. 같은 맥락에서 오늘날 여성들의 권익 향상과 왕성한 사회 진출은, 봉건시대의 남녀차별 이데올로기가 그 허망한 실체를 들키고 제풀에 무너진 결실이다.

"지도무난(至道無難) 유혐간택(有嫌揀擇)", 중국 선종(禪宗)의 제3조(祖) 승찬(僧璨) 대사의 법문을 모은 『신심명(信心銘)』에 등장하는 구절이다. '지극한 도라 해봐야 알기 어려운 것이 아니니, 오직 이것은 좋다느니 저것은 나쁘다느니 취사선택만 하지 않으면 된다'는 뜻이다. 마음수행의 과제도 궁극적으로는 분별심(分別心) 곧 편견을 내려놓는 것이다. 분별하지 않으면 있는 그대로를 볼 수 있다.

chapter 6.

명백히 덜 괴로운 삶을 위하여

이 세상에
존재하는
모든 것이
영원치 않다는
사실을 깨달을 때,
우리는 더 심오한
자유의 세계로
나아갈 수 있다.

—

붓다

서양의학의 고정관념을 무너뜨린 명상의 힘

현대를 살아가는 우리는 과거 어느 시대보다 더 극심한 스트레스의 쓰나미에 시달리고 있다. 솔직하게 말하면 어쨌든 인생은 고(苦)다. 모든 태어난 것들은 늙음과 병듦과 죽음의 고통을 면할 수 없기 때문이다. 예나 지금이나 삶의 괴로움을 완전히 해소하기란 불가능하다. 다만 현명하게 대처할 수는 있다. 그리고 명상이 덜 괴로운 삶에 대한 해법이 될 수 있으리라는 믿음에서 내가 이렇게 쓰고 있는 것이다.

미국 매사추세츠 의대 존 카밧진 박사는 초기불교의 마음챙김 명상에 기반을 둔 스트레스 감소 프로그램(MBSR)을 개발했다. 특정한 대상에 주의를 모으는 집중명상과 달리, 마음챙김 명상은 지금 여기에 나타나는 것이 무엇이든, 거기에 나 자신을 맡기는 방식이다. 그것이 소리이든 신체의 감각이든 감정이든 생각이든 상관이 없다. 다만 감각 경험을 이리저리 해석하고 판단하는 것이 아니라 감각 경험 그 자체에 주의를 기울인다. 마음속에 어떤 생각을 일으키지 않고 오직 지금 이곳에 나타나는 것만 살피기 때문에, 쓸데없는 번뇌로 불필요하게 자신을 힘들게 하지 않는다.

2010년 미국 캘리포니아 데이비스 대학의 클리포드 섀런(Clifford Sharon) 박사팀의 연구결과에 따르면 명상은 수명에도 영향을 미치는 것으로 확인됐다. 염색체의 말단에는 마치 모자처럼 생긴 '텔로미어(telomere)'라는 부분이 있다. 체세포가 분열하면 텔로미어가 점점 짧아지는데, 텔로미어가 완전히 소멸하면 세포 역시 더 이상 분열하지 못하고 죽게 된다. 그런데 이 텔로미어의 단축을 지연시키는 효소가 바로 텔로메라제(telomerase)다. 텔로메라제의 활성이 높아지면 텔로미어의 축소를 저지시켜 노화를 늦추고 생명을 연장시킬 수 있다. 이와 반대로 스트레스는 텔로메라제의 활성을 낮추어 생명을 단축할 수 있다는 게 새런 박사팀의 주장이다.

새런 박사를 비롯한 15명의 과학자들은 하루 3시간씩 3개월간 집중적으로 명상을 한 집단이 명상을 하지 않은 집단에 비해 텔로미라제의 활성이 평균 30% 정도 더 높았다는 연구결과를 내놓았다. 명상이 스트레스를 낮춰 텔로미라제 효소의 활성을 높이기 때문에 세포의 노화를 늦춘 것이란 게 이들의 결론이었다. 이는 명상이 생명 연장의 효과가 있음을 보여주는 매우 획기적인 내용이라 할 수 있다. 뿐만 아니라 명상은 의학적으로 불가능하게 여겨지는 신체반응을 일으키기도 한다. 인간의 의지만으로 심지어 심박수를 바꾸거나 체온을 변화시킬 수도 있다는 것이다.

티베트의 승려들은 영하 수십 도(℃)까지 떨어지는 한겨울에도 한쪽 팔이 드러나는 가사를 두르고 태연하게 생활한다. 보통사람 같으면 단 10분도 참기 어렵거나 동상에 걸리기 십상인 옷차림이다. '툼모 요가(Tummo Yoga)'가 그 비결이다. 이들은 자기 몸의 체온을 임의로 덥힐 수 있는 '툼모 요가'라는 명상법을 수행하고 있다. 1981년 미국 하버드대 의대 허버트 벤슨 박사팀은 달라이 라마가 소개해 준 티베트 스님 3명을 대상으로 툼모 요가의 효과를 확인하는 실험을 진행했다.

매일 15분씩 10년 동안 툼모 요가를 해온 어느 스님은 명상에 들어가자 손가락의 온도가 5℃, 발가락은 7℃나 상승했다. 반면 큰창자의 끄트머리인 직장(直腸)에 삽입한 온도계에는 변화가 없었다. 어린 나이에 출가해 수행해온 또 다른 스님은 손가락 온도가 7℃, 발가락은 4℃ 올라갔다. 세 번째 스님은 50세로 41세라는 늦은 나이에 출가했지만 열심히 정진한 분이었다. 손가락은 3.5℃, 발가락은 무려 8.3℃나 상승했다. 명상에 의한 이런 온도 상승은 번뇌의 불길을 태운 결과라고 한다.

벤슨 박사팀의 연구결과는 1982년 1월 세계 최고수준의 과학잡지인 「네이처」에 소개돼 큰 반향을 불러일으켰다. 무엇보다 이를 계기로 서구의 의사와 신경과학자들은 명상의 위력을 실감했다. 이에 힘입어 이제 명상은 심신치료에 폭넓게 활용되고 있다. 명상은 더 이상 심리적 최면술 정도로 취급받지 않는다. 우리의 신체건강을 실질적으로 개선시킬 수 있는 의료 수단으로 인정받는 상황이다.

궁극적으로 명상은 우리가 뜻대로 조절할 수 없는 불수의(不隨意)적인 것으로 알려져 있던 자율신경 반응이 사실은 수의적으로 통제가 가능하다는 것을 입증했다. 그야말로 기존 서양의학의 패러다임을 통째로 바꿔놓은 개가다. '마음의 힘'으로 심혈관계 활동, 내분비 활동, 또는 면역 활동을 자기 마음대로 제어할 수 있다는 최근의 발견들은 심신의학이라는 신개념의 학문을 등장시켰다.

심리치료의 제3물결, 마음챙김

명상(meditation)과 의학(medicine)은 어간이 'medi'로 서로 같다. 'medi'는 라틴어의 'mederi'에서 파생된 말로 '치료하다'라는 뜻이다. 이러한 어원에 따라 풀이해 보면 명상은 정신으로 괴로움을 치료한다는 의미가 되겠다. 이와 반대로 의학은 물질로 괴로움을 치료한다는 의미로 해석될 수 있다. 한편 현대의학이 비약적으로 발달하기 전인 20세기 초까지만 해도 기도나 주술과 함께 명상이 질병치료의 주류를 이루어 왔다.

　몸과 마음이 연결되어 있음을 직관한 옛 의료인들은 몸을 진찰하기 전에 우선 마음부터 살폈다. 한국의 의성(醫聖)이라 칭송받는 허준은 저서 『동의보감』에서 "마음의 혼란에서 병이 생기고(心亂卽病生), 마음의 안정으로 병이 낫게 된다(心定卽病自癒)"고 했다. 아울러 "최고의 명의는 마음을 잘 다스리는 심의(心醫)"라 했다. 그러나 약물과 수술이 의료행위의 대세로 떠오르면서, 마음에 대한 관심은 상대적으로 줄어들었고 움츠려들었다.

　하지만 2000년대에 들어와 명상이 스트레스 관련 질환을 치료하는 데 유용하게 활용될 수 있다는 사실이 알려졌다. 캐나다 캘거리 의대 미카엘 스페카(Michael Speca) 박사팀은 암 환자 집단에 명상프로그램을 적용한 결과 기분장애와 스트레스 수준이 유의미하게 경감된다는 것 그리고 면역 활동이 증가된다는 것을 보고했다. 이러한 건강의 변화는 프로그램이 끝나고 나서도 6개월 후까지 지속됐다. 이 연구팀은 지난 10여 년 간 명상과 암 치료에 관한 여러 편의 논문을 계속 발표하여 주목을 받고 있다.

미국 애리조나대 심리학자 프랜시스 샤피로(Francis Shapiro)는 내가 객원교수로 있을 때 박사과정 학생으로 스워쯔 교수의 제자였다. 샤피로 박사팀은 유방암 환자에게 명상 프로그램을 적용한 결과 수면의 질이 향상됐음을 발견했다. 명상 시간이 길면 길수록 수면 후의 상쾌함도 큰 것으로 나타났다. 불안과 강박신경증, 자기애적인격장애나 경계성 인격장애를 앓는 환자들도 정신치료와 함께 명상 프로그램을 병행하면, 정신치료만 받는 경우보다 치유효과가 높다는 연구결과도 있다.

나는 지난 15년여 동안 국내에서 수백 명을 대상으로 8주 동안 명상프로그램을 실시했다. 이어서 그 결과를 여러 차례 학술대회나 학회지에 발표한 바 있다. 명상을 한 환자들은 두통, 요통, 견비통 등의 만성 통증이 완화됐다. 불안, 우울, 공황 등의 심리적 증세 역시 상당히 호전됐다. 유방암과 전립선암 환자의 경우 불면증이 줄어들고 삶의 질이 나아진다는 것도 관찰할 수 있었다.

또 비록 환자 수준까지는 아니더라도 극심한 스트레스를 받는 대학생, 회사원, 주부 등 일반인들에게도 명상의 효험이 대단하다는 것을 관찰하였다. 다시 말해 이들이 명상을 한 후 불안, 우울, 강박감, 민감성, 적개심, 공포감 등의 부정적 정서가 확연히 줄어들어드는 것을 목격했다. 요즘 병원을 찾는 환자의 80% 정도는 스트레스가 직간접적 원인이 되어 병을 얻은 사람들이다. 단언컨대 약물로써는 병의 뿌리를 뽑을 수 없다. 단지 증세를 일시적으로 완화시키는 데 그칠 뿐이다. 이들에게 명상 치유는 새로운 치료법으로 큰 기대가 된다.

정신과를 찾는 사람들이 한 해 60만 명에 이른다고 한다. 그러나 아직 사회적 편견으로 인해 우울증에 걸렸다고 해도 감추거나 쉬쉬하는 형편이다. 하지만 더 이상 그럴 필요가 없어 보인다. 머지않아 우울증이 지구상에서 가장 흔한 질병이 될 것이니까. 머터와 랜커(Mather & Lancar) 박사는 2005년 공동으로 발표한 논문에서 우울증, 약물남용과 알코올남용이 전체 질환의 31%를 이루고 있다면서, 특히 2020년이 되면 우울증이 모든 질병 가운데 랭킹 1위가 될 것이란 세계보건기구(WHO)의 예측을 소개했다.

현재 심리적 요인에 따른 질병들에 대한 효과적인 치료법은 마땅한 게 없는 상태다. 그저 약물치료와 행동치료로써 증상을 잠깐이나마 줄이는 것이 전부다. 게다가 이러한 치료를 받으려면 상당한 경제적 부담이 요구되는 데다, 약물 부작용 또한 간과할 수 없다. 결국 명상이 가장 값싸고도 손쉬운 치료법이겠다. 이에 대해 런던대학교의 루비아(Rubia) 박사는 명상이 가장 확실한 대안이라며 이를 2009년 「Biological Psychology」에 발표했다.

앞으로는 명상이 새로운 의료패러다임으로 부상하리란 전망이다. 1998년 미국국립보건원(NIH) 산하의 보완대체의학연구소

(NCCAM)의 초대 소장이었던 도지 박사는 21세기 의학은 에너지로 병을 진단하고 치료하는 텔레소매틱 의학(Telesomatic Medicine)이 주도할 것이라고 내다봤다. 그녀의 예언처럼 21세기 벽두부터 통합의학(Integrative Medicine)이라는 새로운 의료 패러다임이 의료현장에 도입됐다.

2004년 미국과 캐나다의 22개 주요 의과대학 관련자들이 모여 통합의학 아카데미를 만들었고, 통합의학의 주된 내용으로 'MBSR'을 채택하기로 합의했다. 이 모임에 참여한 의사와 건강관련 전문가들은 "마음챙김과 마음챙김을 통해 양성되는 비(非)판단적 알아차림이 없다면 치료자-환자 간의 신뢰관계는 헐거울 수밖에 없고, 환자가 가진 무한한 성장과 치유의 가능성이 무시될 수밖에 없다"고 경고하고 있다. 다소 어려운 말로 들릴 수 있는데, 쉽게 말해 환자가 나을 수 있다고 믿어야 비로소 병이 낫는다는 것이다. 여하튼 마음챙김 능력을 향상시키는 것이 질병치료의 핵심이 된다는 인식이 확산되고 있으니 반가울 따름이다.

2009년 미국 내 심리치료전문가의 40% 이상이 마음챙김 명상을 환자의 치료에 사용하고 있는 것으로 파악됐다. 또한 마음챙김과 관련된 논문이 1년에 1,000편 이상 간행되고 있다. 이처럼 마음챙김에 기초한 심리치료는 바야흐로 '심리치료의 제3물결'이라 칭해지면서 많은 심리학자와 의사들에 의해 널리 연구되고 활용되고 있다. 명상에 의해 치유되는 임상적 질병은 그야말로 무궁무진하다. 고혈압, 불면증, 우울증, 불안신경증, 과다한 적개심, 공황장애, 강박증과 같은 심리적 장애부터 심장병, 소화기질병, 피부병, 암 등과 같이 현대인이 앓고 있는 온갖 종류의 신체적 질병을 망라한다. 이런 질병 치료에 마음챙김 명상이 활용되는 추세를 담아, 2015년 미국심리학회지의 하나인 「아메리칸 사이칼러지스트(American Psychologist)」에는 '마음챙김이 치료가 된 때'라는 특집논문이 게재되기도 했다.

• 명상과 뇌파

티베트의 정신세계는 세계적으로 여전한 인기를 구가하고 있다. 2006년 새해 벽두 「뉴욕타임즈」를 비롯한 미국의 주요 언론이 일제히 티베트의 불교지도자 달라이 라마에 대한 흥미로운 기사를 다뤘다. 달라이 라마가 신경과학회(The Society for Neuroscience) 2005년 정례 학술발표회에서 '뇌의 가소성(可塑性)'이라는 제목으로 기조연설을 한 내용을 보도했다. 강연의 요지는 '명상 수련을 하면 뇌에 변화가 일어난다'는 것이었다.

신경과학은 뇌과학을 주로 연구하며, 과학 가운데서도 첨단의 합리성과 객관성을 요구하는 분야다. 혹자들은 신경과학자들이 종교계 인사를 초빙해 과학과는 거리가 멀어 보이는 명상에 대한 강연을 들었다니 언뜻 이해가 가지 않을 수 있다. 그러나 이미 명상은 그 어떤 학문 못지않게 엄밀한 과학으로 평가받는 현실이다. 신경과학자들은 단순한 이벤트가 아니라, 하나라도 더 배우기 위해 진심으로 달라이 라마를 초청했다.

명상에 관한 과학적 연구가 활발해진 것은 1990년대부터다. 정확하게 따지면 1993년 미국 국립보건원(NIH) 산하의 대체의학연구소(OAM)에서 명상 연구에 공식적으로 연구비를 지원한 이후부터라고 규정할 수 있다. 2009년 한국을 방문하기도 했던 하버드대 의대 임상심리학자 크리스토퍼 거머(Christopher Germer) 교수는 명상이 심리치료 분야에서 확고하게 자리를 잡았음을 증언했다.

그는 "마음챙김(Mindfulness)이라는 불교의 명상수행법이 미국 내 심리치료에 널리 보급됐다"며 "심리치료 전문가의 40% 이상이 이 명상법을 쓰고 있다"고 증언했다. 실제로 2014년 미국 마음챙김 연구협의회에 따르면 그해 마음챙김을 주제로 한 학술논문만 773편이었다. 이렇듯 명상은 현대의 신경과학, 의학 그리고 심리학의 핫이슈다.

알다시피 우리의 정신은 뇌가 관할한다. 신경과학자들이 명상의 가치를 인정하는 결정적 이유는, 명상 수련이 뇌의 긍정적 변화에 지대한 영향을 미치기 때문이다. 특히 20여 년 전만 해도 누군가가 어려운 문제를 기어이 해결해낼 때, 사람들은 도대체 뇌 속에서 무슨 일이 일어났는지 알아낼 도리가 없었다. 그러나 이제는 최신식 장비로 뇌 활동을 실시간으로 측정할 수 있게 되면서 뇌 과학에 신기원이 열렸다.

뇌의 활동은 기본적으로 전기(電氣)적인 활동이다. 뇌에 자극이 오면 뇌 속에 있는 신경세포들은 전기적인 파동인 펄스(Pulse)를 발생시킨다. 그리고 이러한 펄스가 모여 특정한 형태로 나타난 것을 뇌파(EEG)라고 한다. 뇌파는 수백만 개의 뇌세포가 활동하면서 만들어진 파형으로 크게 5가지 유형이 있다. 과학자들은 뇌파의 변화를 통해 마음의 변화를 유추할 수 있다고 말한다.

가령 초당 12~30의 주파수를 가진 베타(β)파는 대체로 눈을 뜨고 활동하는 동안에 일어나는 뇌파다. 정상적 인지기능이나 불안 흥분과 관련된 정서 상태 또는 각성 상태일 때 발현되는 뇌파가 베타파다. 그리고 생각이나 걱정이 많아지면 베타파가 두드러진다. 반면 초당 8~12의 주파수인 알파(α)파는 안정 상태에서 나타난다. 쾌적하고 마음이 편안할 때 보이는 뇌파가 바로 알파파인데, 비교적 느리고 규칙적인 리듬이다.

초당 4~8의 느린 주기를 보이는 뇌파인 세타(θ)파는 각성과 수면 사이의 의식 상태를 반영한다. 흔히 세타파가 우세할 때 사람들은 깊은 통찰력을 경험하기도 하고 창의적인 생각이나 문제해결력이 별안간 용솟음치기도 한다. 세타파는 유쾌하고 이완된 기분과 관련이 있고 동시에 어떤 일을 수행하겠다는 의지와 연계된 뇌파다. 흔히 명상상태에 나타나는 뇌파로 불리기도 한다.

초당 1~4의 주파수를 보이는 매우 느리고 불규칙한 뇌파가 델타(δ)파다. 델타파는 잠을 잘 때 나타나는 수면파다. 제일 특이한 뇌파는 감마(γ)파다. 주파수가 다른 뇌파보다 월등하게 빠르다. 초당 30에서 80 정도의 매우 빠른 주파수를 보이는 감마파는 깊은 주의집중이 이뤄질 때 또는 순수한 자비심을 보일 때 특징적으로 잘 나타난다. 이 감마파는 오랜 시간 명상을 한 수행승에서 특별하게 잘 관찰되는 뇌파임이 밝혀졌다. 그래서 이즈막 가장 많은 주목을 받고 있는 뇌파다.

의식의 혁명, 깊은 평온함 속에 또렷이 깨어 있는

앞에서 언급한 5가지 뇌파 가운데 특히 명상하는 동안에 활달하게 발흥하는 뇌파가 바로 세타파다. 수십 년 간 명상을 지속적으로 수행한 사람은 명상을 하지 않는 중에도 세타파가 감지된다. 마음만 먹으면 임의대로 언제든지 세타파를 만들어낼 수 있는 것이다. 일반인들도 어떤 통찰이나 창의적인 아이디어가 떠오르는 순간 세타파를 경험하기도 한다. 실험에 따르면 풀기 어려운 문제에 시달리다가 불현듯 해결책을 찾아내는 순간 세타파가 일어난다고 한다. 세타파의 출현은 뇌 속에서 일산화질소(NO)라는 특정한 화학물질이 발생하는 것과도 밀접한 관련이 있다.

명상은 이와 같이 세타파를 발생시켜 인지기능을 높여준다. 뿐만 아니라 신체능력 향상에도 크게 기여한다. 예를 들어 스포츠에서 대기록을 수립한 선수들은 경기 도중 명상을 할 때에 이를 수 있는 무념무상(無念無想)의 상태를 경험한다고 한다. 다시 말해 육체적 고통과 피로감, 실패에 대한 공포감 등 온갖 잡념이 싹 사라지고 그 대신 자신의 능력치를 극대화할 수 있는 경지에 도달하는 것이다.

최근에는 기능적 자기공명영상(fMRI) 장치가 도입되면서 명상이나 이완 또는 일반적인 휴식상태에서 일어나는 두뇌 활동의 실체를 실시간으로 규명할 수 있게 됐다. fMRI는 특정한 순간 뇌의 여러 부위로 혈액이 흘러가는 모습을 정확하게 보여줌으로써 시시각각 뇌의 어느 부위가 활동하고 있는가를 알려준다. 미국 하버드대 의대의 허버트 벤슨 박사팀이 fMRI를 쏠쏠하게 활용했다. 특히 이완 반응과 같은 집중명상 때 나타나는 '안정과 동요(Paradox of Calm Commotion)'라는 심리적으로 모순되는 상태가 어떻게 뇌 속에서 동시에 일어나는지를 fMRI로 밝혀내 화제가 됐다.

집중명상이란 특정한 대상(선불교에서는 '화두'라고 부른다)에 정신을 집중한 채 수행하는 명상법이다. 들숨과 날숨의 움직임에 정신을 모으는 호흡명상, 특정한 구절을 반복적으로 외는 만트라 명상도 집중명상에 포함된다. 안정과 동요 현상이란 '안정'과 '동요'라는 두 가지 상반된 심리적 현상이 동시에 일어나는 상황이다. 깊은 평온함 속에 또렷하게 깨어있는, 참으로 미묘한 상태다.

이는 명상 도중 통찰이 일어날 때 더욱 두드러진다. 과거부터 지속돼 오던 정신적 또는 정서적 타성이 깨지는 순간 촉발된다는 것이다. 집중명상으로 통찰에 이를 때 나타나는 fMRI 데이터를 분석해보면 뇌의 전반적인 활동성은 줄어든다. 반면 혈압, 심장박동, 호흡의 조정과 관련된 뇌 부위의 활동성과 주의집중, 공간-시간 개념이나 의사결정과 관련된 뇌 부위의 활동성은 오히려 증가한다.

정리해서 말하자면 명상 중에 평소 머리를 아프게 하던 난제가 갑자기 눈 녹듯이 풀리면 대부분의 뇌 부위 활동은 줄어든다.

반면 주의나 각성을 담당하는 특정 뇌 부위나 평화와 이완감을 담당하는 뇌 부위의 활성은 오히려 증가한다. 결국 '안정과 동요'란 잡념이 줄어든 조용한 자리에 뚜렷한 각성만이 가득 차는 것이다. 이는 선(禪)에서 이야기하는 성성적적(惺惺寂寂)과 동일하다. 머릿속이 별처럼 또렷하면서도 완전하게 고요한 상태가 나타난다는 것이 신경과학적으로 입증된 셈이다.

선택은 당신의 몫이다

명상은 수련하는 방법에 따라 크게 두 가지로 나눌 수 있다. 집중명상[止法]과 통찰명상[觀法]이 그것이다. 전자는 사마타(samatha) 수행이라고도 부른다. 어떤 특정한 대상에 의도적으로 주의를 집중하는 방식이다. 만트라[眞言] 명상이나 참선[看話禪]이 여기에 속한다. 만트라는 주문을 외우는 일에 몰입함으로써 번뇌를 소멸할 수 있다. 참선은 화두(話頭)에 대한 치열한 참구를 통해 도에 이르는 방법이다.

후자는 위빠사나(vipassana) 수행이라 한다. 지금 이 순간 일어나고 있는 감각 느낌 또는 생각 등을 이렇다 저렇다 좋다 나쁘다 판단하지 않고, 열린 마음으로 고요히 관찰하는 방식이다. '마음챙김(mindfulness)'이라는 번역이 일반적이다. 집중명상과 통찰명상은 각각 '멈춤'과 '바라봄'이라는 상반된 특징을 지닌 듯하다. 그러나 편견과 선입관 없이 지금 이 순간에 온전히 마음을 모은다는 게 공통점이다. 이 두 가지 방법의 명상은 마음의 평화[定]와 지혜[慧]에 이르게 하는 두 날개와 같다고 할 수 있다.

사마타 수련은 마음을 한 곳에 집중하는 것으로 마음의 안정[定]이 주된 목표다. 사마타의 일종인 이완반응 명상을 하면 알파파와 세타파와 같은 느린 뇌파가 생성된다. 이런 뇌파는 몸과 마

200

음이 그만큼 이완되어 있다는 것을 보여준다. 특히 세타파가 나올 때에는 앞서 소개한 '안정과 동요', 즉 '이완/각성'이라는 모순적 상태가 동시에 나타난다. 다시 말하면 깊은 고요에 다다르면 뇌 활동은 전반적으로 이완되어 안정된 상태가 된다. 그러면서도 유쾌한 정서활동과 관련된 특수 뇌 부위의 활동은 각성되어 고요한 안정상태와 유쾌한 감정상태가 함께 일어나는 것이다.

사마타 수련으로 심신의 이완이 숙성되면 뇌 속에 일산화질소라는 기체성 물질이 분출된다. 그리고 일산화질소로 인해 미세한 혈관들이 확장되면서 혈액의 순환이 좋아지고 그 결과 심신이 건강해진다. 이 연구를 주도한 하버드 의대의 스테파노 박사는 "일산화질소 분출은 뇌를 효율적으로 작용시키는 신경전달물질의 방출을 촉진시켜 긍정적 감정 상태를 야기하며, 혈류의 이동을 도우므로 심혈관계 질환을 개선하고, 여성 호르몬인 에스트로겐의 효과를 높여 폐경기 우울증과 성적 무력증을 개선하며, 면역기능을 강화한다"고 밝혔다. 이처럼 명상을 통한 일산화질소의 분출이 각종 스트레스 관련 질병의 치유 효과를 높인다는 사실이 속속 드러나고 있다.

마음의 평화를 관장하는 주체는 뇌의 왼쪽 반구다. 신경과학자이자 심리학자인 데이비슨 박사는 사람들이 불안, 분노, 우울 같은 불쾌한 감정을 느낄 때 우측 전전두피질(오른쪽 이마 부위의 뇌피질)이 좌측 전전두피질에 비해 활동성이 높은 반면, 열정에 차 있고 기력이 넘치며 낙천적이고 긍정적 감정을 느낄 때는 좌측 전전두피질이 우측 전전두피질에 비해 활동성이 더 높다는 것을 발견했다.

끊임없이 목표량을 채우고 할당량을 떠안아야 하는 직장인들의 고충은 이루 말할 수 없이 크다. 공짜 월급은 없다. 일례로 데이비슨과 존 카밧진 등이 업무 스트레스가 심한 어느 생명공학 회사의 직원들을 대상으로 8주간에 걸쳐 마음챙김 프로그램(MBSR)을 훈련시켰다. 이후 명상을 한 집단은 하지 않은 집단에 비해 좌측 전전두피질의 우세성이 높아진다는 사실을 규명했다. 그들의 마음은 긍정적으로 변화했으며 업무에도 보다 적극적이고 열성적으로 임했다.

마음만이 아니라 몸도 좋아졌다. 또 명상집단은 비(非)명상집단에 비해 면역기능이 상승해 감기에 덜 걸렸다. 설령 감기에 걸렸더라도 증상이 가벼웠다. 좌측 전두엽의 활동성이 우세한 사람일수록 면역치가 더욱 상승했고 이른바 '열일'을 하면서도 쾌활함을 잃지 않는 모습을 보였다. 이는 MBSR 명상 수련이 부정적 감정의 뇌반구 지배로부터 긍정적 감정의 뇌반구 지배로 바꿀 수 있음을 보여주는 것이다. 또한 면역력을 키워 심리적으로나 신체적으로나 보다 건강해질 수 있음을 시사하는 결정적 증거이기도 하다.

2011년 독일의 신경과학자 브리타 횔젤(Brita Hoelzel)과 미국 하버드대의 심리학자 라자(Lazar) 박사의 연구가 눈길을 끌었다. 명상 경험이 없는 일반인들을 대상으로 8주간에 걸쳐 마음챙김 명상을 실시한 집단과 명상을 하지 않은 집단의 뇌를 MRI로 촬영해 비교한 논문을 발표한 것이다.

명상집단은 비명상집단의 사람들에 비해 학습 기억 감정조절을 담당하는 뇌 중추인 변연계 부위(해마)와 알아차림과 연민을 담당하는 대상피질, 그리고 인지 기능을 담당하는 측두-두정 경계부위 뇌피질 등이 양적으로 팽창되었다는 것을 발견했다. 이것은 곧 짧은 기간의 명상으로도 학습, 기억, 정서조절, 자비심, 인지기능과 같은 고차원적인 정신능력을 담당하는 뇌 부위의 기능과 구조를 크게 개선시킬 수 있음을 보여준다. 궁극적으로 우리의 마음을 긍정적인 방향으로 환골탈태시키는 것이다.

요컨대 명상은 우리의 인격을 성인군자 못지않게 만들어주고 우리의 인생을 날마다 행복한 시간들로 가꾸어주는 매개인 셈이다. 다시 한 번 강조하건대 마음을 수행하면 뇌가 바뀐다. 명상수련이 망상과 고뇌에 찌든 우리의 삶을 보다 맑고 건강하게 치유하는 위대한 가르침이자 치료라는 사실이 과학적으로 명명백백하게 증명되고 있다. 이제 더 이상 무슨 설명이 필요할까? 이제 더 이상 무엇을 주저할 것인가? 선택은 당신의 몫이다.

chapter 7.

자기연민의 힘,
내가 나를 구원한다

간결하게
또 간결하게,
더욱
간결하게
살아라.

＿＿

데이비드 소로우

일상생활과 마음수행

일상의 자질구레한 경험들은 우리의 뇌에 차곡차곡 쌓인다. 그러므로 좋은 경험을 반복하고 긍정적인 태도를 삶 속에 뿌리내리면, 우리의 뇌는 어둠에서 벗어나 밝은 세계로 나아갈 수 있다. 앞서 밝힌 것처럼 인간의 뇌는 부정적 편향성에 오랫동안 길들여져 왔다. 부정적 편향성은 진화의 산물이지만 또한 고통의 원인이기도 하다.

무작정 참거나 삭힌다고 해서 마음은 달라지지 않는다. 언젠가는 폭발하고 만다. 그러므로 압력 가스를 조금씩 방출해줘야 한다. 증오와 불안의 날들이 지긋지긋하다면, 부정적 편향성을 긍정적 편향성으로 전환하기 위해 부지런히 노력해야 한다. 인내심을 가지고 매일 조금씩 꾸준히 실천하는 것 말고는 달리 방도가 없다. 그러다 보면 어느새 변화된 자신을 만날 수 있을 것이다.

마음수행은 그리 거창한 것이 아니다. 일상 속의 스트레스를 서서히 줄여나가는 것이 어쩌면 왕도(王道)다. 하루하루 순간순간 긍정의 감정과 낙천적 태도를 유지하며 마음속에 따뜻한 힘을 불어넣어야 한다. 하늘은 스스로 돕는 자를 돕게 마련이다. 의식적으로 마음을 밝게 가지려고 노력하면, 뇌는 우리의 의지에 기어코 화답한다. 어두운 기억들이 하나둘 사라진 자리를 환하고 아름다운 기억들이 대체할 것이다. 잡초만 우거졌던 '마음밭'이 화사한 꽃들이 만발한 정원으로 탈바꿈할 것이다.

마음을 훈련하면 뇌가 변화한다는 '신경가소성(neuroplasticity)' 원리에 관해 앞서 살펴봤다. 불과 10여 년 전만 해도 한참 성장기인 아이들이면 몰라도 다 자란 성인의 뇌는 변화될 수 없다고 믿었다. 외부의 충격으로 뇌세포가 죽으면 끝이라 생각했고, 노화를 이길 수 없다고 생각했다. 그러나 이제는 마음을 안정시키고, 긍정적인 생각을 갖고, 감사하고 용서하며, 집착을 내려놓는 대신 삶에 대한 관심과 열정으로 무장한다면, 뇌는 기능적으로나 구조적으로나 확연히 달라진다는 견해가 뇌과학자들 사이에 확산되고 있다.

마음훈련에는 특별한 비법이 있는 것이 아니다. 다만 일상생활에서 누구나 실천할 수는 있다. 화를 내지 않고 욕심을 줄이고 부드럽게 말하고 단순하게 사는 습관을 길러보라. 처음엔 낯설고 머쓱할 테고 시간도 걸리겠지만, 인내해야 하고 용기를 내야 하고 기다려야 한다. 감각과 감정과 생각이 불쑥불쑥 일어날 때 그것들을 담당하는 신경회로도 동시에 작동된다. 아울러 긍정적인 마음을 훈련하면 긍정적인 마음을 이루는 신경회로들이 활성화된다. 공감, 연민, 자애 등을 담당하는 뇌 세포체가 양적으로 커지고 밀도가 증가하며 궁극적으로 뇌 피질이 두꺼워진다. 종국에 가면 외부의 부정적인 자극에 쉽게 동요하지 않는 튼튼한 뇌를 가질 수 있는 것이다. 바로 우리가 그토록 바라는 건강하고 행복한 뇌다.

현대의 뇌 과학은 마음이 바뀌면 뇌가 바뀌고 뇌가 바뀌면 마음이 바뀐다는 마음과 뇌 사이의 쌍방적 관계를 믿고 있다. 이는 과학적으로도 입증된다. 첫째, 바쁘게 활동하는 뇌 부위에는 보다 많은 산소와 포도당이 공급된다. 둘째, 매일 규칙적으로 이완명상을 하는 사람은 스트레스에 대한 반응성을 낮추는 유전자의 발현이 활발해진다. 셋째, 활동하지 않는 신경연락망은 쇠퇴하여 소멸하고 활동하는 신경연락망은 더욱 왕성해져 구조적으로 강력해진다. 넷째, 동시에 동일한 활동을 하는 뉴런들은 하나의 조직으로 모여들어 특별한 신경망을 형성한다. 마음먹기에 따라 삶은 얼마든지 변화할 수 있다.

스스로를 소중히 여기고 아끼라

자중자애(自重自愛)는 자기 자신에 대한 신뢰와 사랑을 강조한 말이다. 자중자애야말로 자기를 자기답게 키워주는 가치다. 대인관계에서 상처받지 않기란 불가능하다. 서로가 우정을 이야기하고 인류애를 들먹이더라도, 결국엔 자기의 이익과 안락을 위해 사는 게 인간이다. 바꿔 말하면 누구에게나 나의 궁극적인 동반자는 나 자신밖에 없는 것이다. 내가 나에게 용기를 불어넣어주고 따뜻하게 위해주고 진정으로 돌보아주어야만, 우리는 참다운 행복을 거머쥘 수 있다. 자기치유의 시작이 바로 자중자애인 것이다.

인생에선 끝내 즐거운 일보다 괴로운 일을 훨씬 더 많이 겪게 마련이다. 병고와 죽음은 모든 생명이 숙명적으로 떠메야 하는 실존적인 멍에다. 또한 이 세상에 욕심은 차고 넘치는데 그를 충족시킬 재화는 부족하다. 그래서 각자가 자신의 행복을 위해서 갈등하고 투쟁하는 법이다. 결국 사바세계에선 스트레스를 받지 않을 수 없고 배신을 피하기 어렵다. 그렇다고 세상을 비관적으로만 바라보며 우울과 불안에 스스로를 내맡긴다면 더욱 깊은 수렁으로 빠져 들어갈 뿐이다. 쓸쓸하고 힘겨울 때 스스로에게 물어보라. 과연 나는 나 자신을 위해 어떤 대책을 준비하고 있는가? 이렇게 시시하고 졸렬한 모습으로 방치되어도 되는 존재인가?

나를 지지해줄 벗을 사귀는 일도 중요하다. 당신이 찾아야 할 친구는 돈이 많거나 지위가 높은 사람일 필요는 없다. 당신의 말을 끝까지 들어주고 당신의 기분에 공감해줄 사람이면 족하다. 그는 절친한 죽마고우일 수도, 사랑하는 배우자일 수도, 눈에 넣어도 아프지 않을 자녀나 혹은 대책 없이 귀여운 반려동물일 수도 있다. 영 만나기가 어렵다면 자기 자신을 친구로 삼아도 된다. 나를 알아주는 누군가와 함께 하고 있다는 느낌만으로도, 평화감과 이완감을 담당하는 뇌 부위와 부교감신경계가 활성화된다.

의기소침해졌을 때는 다음과 같이 마음훈련을 해보자. 먼저 즐거웠던 기억을 떠올려보라. 한때 당신이 열정을 쏟아 부어 치열하게 문제에 도전하여 비로소 목표를 달성했을 때의 희열을 회상하는 것이다. 얼마나 신나고 뿌듯한 일이었던가! 가능한 한 그 기쁨의 장면을 구체적으로 상상하면 더욱 큰 효과를 얻을 수 있다. 긍정적인 마음과 심리적인 쾌감을 맡는 뇌 부위가 요동칠 것이다. 도파민 노어에피네프린 세로토닌과 같은 신경전달물질이 봇물처럼 분출돼 괴로움이 환희와 활력으로 치환되는 메커니즘이다.

나 자신을 사랑한다는 것은 어쩌면 나의 뇌를 사랑하는 것이다. 곧 세상을 이해하고 판단하는 중추인 뇌를 잘 보살펴 현명하게 살아갈 힘을 내도록 다독이는 것이다. 이완과 평화, 열정과 환희를 느끼도록 하는 마음훈련을 틈틈이 실천에 옮겨야 한다. 스스로에 대한 통제력이 증가하는 동시에 타인에 대한 불만이 현격하게 줄어든다. 몇 달 간만 지속해도 엄청나게 달라진 자신을 체감할 수 있으리라 장담한다.

　붓다는 '자등명법등명(自燈明法燈明)'이란 유언을 남겼다. 자기 자신에게 의지하는 동시에 진리에 의지하라는 뜻이다. 누구에게나 삶은 자기로부터 시작되며 자기로 인해 나아갈 수 있다. 남은 좀처럼 변하지 않는다. 내가 바꿀 수도 없다. 그러므로 삶을 바꾸고 싶다면 근본적으로 나 스스로가 변해야 한다. 누군가를 사랑할 때면 그저 덤덤하고 지루하게만 보이던 이 세상 모든 것들이 아름답고 행복해 보이는 경험을 누구나 해봤을 것이다. 사랑에 빠지기 이전과 이후의 세상은 객관적으로 똑같은데 말이다. 나를 사랑하는 자만이 세상을 사랑할 수 있다. 그리고 그가 천하를 얻을 것이다.

마음속 기억창고에 무엇을 저장할 것인가

몇 번이나 강조하지만 기억은 즐겁고 유쾌하고 긍정적인 내용보다 슬프고 불쾌하고 부정적인 내용이 월등히 많다. 아픈 기억은 아무리 떨쳐내려 해도 악착같이 달라붙어 극성을 부리는 법이다. 반면 아름다운 기억은 일껏 붙잡아두려 해도 머지않아 바람처럼 야멸치게 떠나버린다. 그래서 우리의 내면세계는 늘 우울하고 비관적이고 염세적이게 마련이다. 특히 부정적 기억들은 부정적 감정을 일으키는 뇌의 회로를 활성화시키고 만다. 들불에 계속해서 기름을 붓는 꼴이다.

도대체 어떻게 하면 부정적인 기억을 긍정적인 기억으로 치환할 수 있을까. 첫 번째 방법은 긍정적 경험의 수집이다. 힘이 닿는 한 긍정적 경험을 열심히 '경험'하면서, 뇌 안에 오랜 시간 남아있도록 꽁꽁 옭아매두어야 한다. 그야말로 사소한 것이라도 일상생활에서 느낄 수 있는 긍정적 느낌을 소중하게 간직해야 한다. 예를 들어 누군가 나에게 친절하게 대해줬을 때, 나도 몰랐던 나 자신의 장점을 문득 발견하여 긍지를 느꼈을 때, 상쾌한 아침녘 새들이 지저귀는 소리를 들었을 때, 예쁜 꽃망울이 터지는 걸 보았을 때, 오렌지 껍질에서 싱그러운 향기를 맡았을 때, 무더운 날 울창한 숲속에서 예상치 않게 맛본 청량감 등등. 애정과 관심을 가지고 세상을 대하면 세상은 나에게 아름답고 푸짐한 추억을 안겨다준다.

행여 우연에라도 즐거운 경험을 했다면 그 기쁨을 소중히 간직해야 한다. 곧 긍정적인 기억을 얻는 두 번째 방법은 긍정적 경험의 지속이다. 달짝지근했던 경험을 최소한 10초에서 20초 정도 주의력을 집중해 이어가야 한다. 이렇게 하면 좋은 정서를 유발하는 신경회로가 활발하게 작동해 긍정적 기억이 형성될 수 있는 바탕이 조성된다. 행복감을 느끼면 도파민과 세로토닌이 분비되고, 인간관계에서 따뜻한 정을 느끼면 옥시토신이란 사랑의 물질까지 분비된다. 긍정적 느낌이 몸속 깊숙이 스며들어 안정적으로 저장되는 것이다.

세 번째는 명상의 실천이다. 이완반응 명상을 하루에 두 번씩 몇 개월만 해보라. 엄청난 변화를 실감할 것이다. 아무리 추운 겨울날이라 해도 따뜻한 양지에 머물고 있으면 온기가 서서히 몸으로 스며드는 원리와 똑같다. 긍정적 경험의 수집과 지속과 숙성. 이와 같이 세 가지 단계를 거치면서 우리의 마음속 기억창고는 어둡고 스산한 부정적 경향성으로부터 밝고 따스한 긍정적 경향성으로 옮겨간다. 굳어있던 몸과 마음이 부드럽게 풀어지고 삶의 활기를 얻을 수 있다. 일상 속의 작은 기쁨들을 마음 안으로 끌어들여 음미하고 기억창고 속에 차곡차곡 갈무리하는 습관을 들이자. 이런 습관을 갖는 것이 바로 마음의 부자가 되는 길이다.

느림 속에 행복이 깃든다

20~30년 전만 해도 우리 사회는 상당히 한가로웠다. 오랫동안 만나지 못한 사람에게 안부를 물을 때 "그간 어떻게 지내셨습니까?"라고 인사하면, 대부분 "편안하게 지냅니다."라고 대답했던 것 같다. 하지만 요즘 사람들은 거의가 "몹시 바빴어요."라고 투덜댄다. 삶의 속도가 너무 빨라진 것은 사실인 듯하다.

이메일이 손 편지를 대신한 지 오래고, '휴대전화'라는 단어도 이제는 해묵은 낱말로 들린다. 스마트폰, IPTV 등 새로운 정보통신 수단이 하루가 멀다 하고 쏟아져 나온다. 그렇다고 현대인들의 삶이 보다 여유로워졌거나 안락해진 것 같지는 않다. 문명의 이기(利器)란, 알고 보면 새로운 종류의 스트레스 덩어리다.

스트레스를 느끼면 에피네프린이나 코르티솔과 같은 스트레스호르몬들이 방출된다. 이들이 과다하게 분비되면 스트레스와 관련한 각종 질환을 야기하고 결국 심신은 갈수록 피폐해진다. 스트레스가 우리 뇌 속의 경고장치인 편도체를 자꾸 건드리면, 괴로움의 불길이 온 신체로 퍼져나가고 드디어는 각종 신체 질병을 야기한다.

스트레스를 받은 편도체는 우리를 심리적으로 더욱 혼란스럽고 황급하게 만들어 더 많은 걱정거리를 자초하게 한다. 예민하기

이를 데 없는 편도체는 정신을 마구잡이로 헝클어뜨린다. 민첩하게 나서야 할 때는 우물쭈물해지고 막상 신중해야 할 때는 성급해진다. 쉽게 짜증내고 쉽게 놀라고 쉽게 잠들지 못하는 대신, 중요한 결정은 쉽게 내리고 마는 정신상태가 되는 것이다.

정보의 홍수 속을 안전하게 빠져나오는 방법은 무엇일까. 무엇보다 중요한 것은 매사를 좀 느리고 느긋하게 대처하는 방향으로 라이프스타일을 바꾸는 것이다. 느림은 평온함을 낳고 평온함은 자존감을 낳고 자존감은 행복감을 낳는다. 단순하지만 확실한 노하우가 있다. 예컨대 밥을 이제까지는 10분 만에 먹었다면 그 시간을 20분으로 늘려보자. 밥도 오랫동안 꼭꼭 씹어 삼키고 반찬도 이것저것 골고루 맛보자. 식사시간을 오래 갖는 프랑스나 이탈리아 사람들은 식사시간이 상대적으로 빠른 독일이나 영국 사람들에 비해 심장병 발병률이 현저하게 낮다고 한다.

『법구경』에 "혀는 시뻘건 도끼와 같다"고 했다. 대화를 할 때에도 상대방의 말을 중간에 끊지 말자. 그의 이야기를 충분히 다 듣고 난 연후에 비로소 말문을 열도록 한다. 과제나 업무를 수행할 때에도 우선순위 없이 죄다 늘어놓고 동시에 처리하려 들지 말고, 하나를 완벽하게 끝낸 연후에 다음 일로 넘어가는 습관을 들여야 한다. 호흡은 우리 삶의 근본이자 행복의 근본이다. 생각날 때마다 2~3분 정도 숨을 천천히 들이마시고 내쉬는 연습을 하자.

평소엔 얌전한데 운전대만 잡으면 무법자가 되는 이들이 적지 않다. 차를 몰 때에도 가급적이면 가속 페달을 밟지 말자. 심지어 전화 역시 벨이 대여섯 번쯤은 울린 뒤에 받기를 권한다. 엘리베이터 '닫힘' 버튼을 누르지 말고 자동으로 문이 닫힐 때까지 기다려보는 것도 유익한 체험이다.

　한꺼번에 여러 업무를 처리하는 '멀티태스킹'을 현대사회에서 차별화된 능력이라고 추켜세우는 세태다. 그러나 가뜩이나 운전으로 피곤한 뇌가 전화까지 받고 옆 사람과 수다를 떨고 손에 들린 커피의 맛까지 나에게 음미하게 해주려면, 얼마나 불쌍한가. 더구나 1시간에 걸쳐 해야 할 일을 30분 만에 해치운다면, 수명도 절반으로 줄어든다는 이치를 잘들 모른다. 제발 한 번에 한 가지씩만, 집중하되 느긋하게 하자.

수면은 최고의 휴식이다

19세기 유럽을 정복하고 황제에 등극한 나폴레옹은 "내 사전에 불가능이란 단어는 없다"는 명언을 남겼다. 그의 강인했던 정신력을 보여주는 또 하나의 '무용담(?)'은 바로 "나는 평생 동안 하루에 세 시간 이상 자본 적이 없다"는 말이었다. 비단 나폴레옹뿐만 아니라 역사 속의 위인들은 대개 초인적인 근면성을 자랑하는데, 평범한 사람들에겐 왠지 열등감과 죄책감이 들게끔 하는 습관이다. 하지만 모든 사람이 위인의 삶을 살 순 없는 노릇이다. 개인마다 체질이 다르므로 모두에게 똑같이 적용되는 삶의 원칙이란 것도 없다.

더구나 해 뜰 때 일어나고 해 질 때 일과를 끝내던 조상들에 비해 현대인들은 충분한 수면을 박탈당한 시대를 살고 있다. 잠을 제대로 자지 못하기만 해도 병이 나는 법이다. 당뇨병, 심장병, 우울증, 비만이 악화된다고 알려져 있다. 수면부족은 집중력과 학습 능력의 감소, 동기 상실 등 행동상의 장애도 초래한다. 머리가 흐리멍덩해지고 육체적 피로감이 쌓이며 심리적으로도 짜증을 많이 내는 성격으로 바뀐다.

불면증은 대체로 수면습관의 문제에서 비롯된다. 잠자는 시간이 일정치 않으면 끝내 사달이 난다. 낮잠을 너무 자주 즐기거나 지나치게 늦게 잠자리에 들어도 수면장애가 일어난다. 수면장애는 우울증의 원인이 되고 수면 중에 호흡이 정지하는 심각한 상태에 이를 수 있다. 만약 특별한 이유 없이 불면증 때문에 고생하고 있다거나, 충분한 수면을 취하고도 아침에 일어나기 힘들다거나 피로감이 좀처럼 가시지 않는다면, 더 늦지 않게 전문의의 상담을 받아야 한다.

그렇다고 누구에게나 보편적으로 적용되는 최적의 수면시간이란 것도 없다. 앞서 말했듯 유전적 특질도 살아온 환경도 제각각인 사람들이다. 일률적으로 재단되는 원칙이란 존재하지 않는다. 과연 얼마나 오랜 시간 동안 잠을 자야 올바른 것인지는 미지수다. 다만 중요한 것은 자기만의 직감이다. 지금 내가 극심한 스트레스를 받고 있다거나 과로를 하고 있다고 스스로 느낀다면, 반드시 이를 만회할 수 있도록 푹 쉬고 푹 자야 한다는 것이다.

그리고 숙면을 원한다면, 무엇보다 매일 동일한 시각에 규칙적으로 잠자리에 드는 습관을 들일 것을 추천한다. 피곤하다고 해서 또는 평일 노동에 대한 보상심리에서 무조건 주말과 휴일에 몰아서 잠을 자겠다는 생각은 버려야 옳다. 단, 너무 긴 낮잠이 아니라면 자투리 시간이 날 때마다 쪽잠을 청하는 일은 쓸모가 있다. 수면은 최고의 휴식이다. 잠깐이라도 신체활동을 멈추는 일은 우리의 몸에 쏠쏠한 활력을 제공한다.

올바른 수면습관을 기르고 싶다면, 먼저 내가 하루 몇 시간 정도쯤 자야 개운하고 상쾌했었는지 곰곰이 되짚어볼 필요가 있다. 개인에 따라 다르지만 대략 6시간에서 8시간 사이가 가장 적당하다. 잠을 못 자는 것도 문제지만, 너무 오래 잠을 자는 것도 건강에 좋지 않다. 또한 잠들기 전에 내일 해야 할 일을 미리 정리해 두는 것도 이롭다.

특히 잠자기 3시간 전에는 뇌의 안정과 휴식을 방해하는 TV 시청이나 자극적인 놀이, 타인과의 언쟁, 초콜릿·커피·술과 같이 정서를 교란하는 음식물은 피해야 한다. 과격한 운동이나 흡연도 삼가야 한다. 대신 수면을 유도하는 멜라토닌과 세로토닌 분비를 촉진시키는 따뜻한 우유 한 잔은 좋다.

숙면과 관련해서도 이완 명상의 효능을 말하지 않을 수 없다. 만성적인 스트레스는 코르티솔과 같은 스트레스 관련 호르몬의 분비를 부추긴다. 그래서 잠들기 어렵거나 새벽에 일찍 잠에서 깨는 것이다. 명상이 크게 도움이 될 것이다. 잠자기 전에 따뜻한 물로 샤워를 하는 것도 요긴하다. 숙면에 이를 수 있는 편안한 조건을 최대한 충족하기 위해 쾌적한 온도와 습도를 맞추는 것은 기본이다.

무엇보다 지금 불면증에 시달리고 있다면, 왜 자신이 도무지 못 자는지는 곰곰이 생각해보면 스스로 해법을 깨우칠 수 있을 것이다. TV 시청이든 게임이든 군것질이나 알코올이든 배우자와의 말다툼이든, 필자가 방금 밝힌 원인들 가운데 적어도 두세 가지는 밤늦게까지 하고 있을 게 분명하다. 잘 자고 싶다면, 일단 아무 일도 벌이지 말고 잘 쉬어야 한다.

나 자신을 소중한 친구로 삼으라

자비심이란 무엇일까. 객관적으로 보면 어디까지나 남의 아픔인데도, 웬일인지 나의 아픔처럼 느껴지는 감정이다. 자비(慈悲)라는 단어에서 보듯 자비란 사랑과 슬픔이 공존하는 마음이다. 고통받고 있는 사람에 대한 애정과 안타까움이 바로 자비심인 셈이다. 예를 들어 길에서 어린아이가 발을 헛디뎌 넘어지는 것을 보았을 때, 친한 친구가 입원했다는 소식을 들었을 때, 가까운 친척이 갑자기 죽었을 때 우리는 측은지심을 느끼면서 제발 잘 되었으면 하는 생각을 하게 마련이다.

연민은 타인이 아니라 나를 향하기도 한다. 나 자신에 대한 연민, 곧 '자기연민'이다. 자기연민은 자신을 불쌍하고 딱하게 여기는 동정심과는 성질이 다르다. 자조(自嘲)가 아니라 자애(自愛)다. 자조는 이기심의 또 다른 형태일 뿐이다. 반면 자애는 나를 있는 그대로 받아들이겠다는 다짐이다. 사랑을 가장한 애욕은 오직 애인을 쟁취하는 데에만 혈안이 된다. 하지만 진정한 사랑은 비록 그와의 인연이 어긋났어도 그의 앞날이 행복하기를 기도해준다. 자기연민은 삶이 힘들 때 스스로를 위로하고 용기를 북돋워주며 마침내 회복탄력성을 키우는 데 매우 유익하다.

자기연민이 가장 커다란 능력을 발휘하는 순간은 역설적으로 내가 너무 힘들 때다. 자기연민의 힘을 불러내기 위한 첫 번째 방법은 일단 내가 처한 시련을 솔직히 인정하는 것이다. 그리고 자신에 대한 따뜻한 말 한 마디로 실의를 희망으로 쇄신하는 관점이 필요하다. 남이 어려움에 처했을 때 그에게 내밀었던 측은한 마음을 나 자신을 향해 되돌려보자. '나는 왜 이렇게밖에 못 하지?'라는 자조적인 푸념 대신에 '이렇게까지 한 게 어디야?'라는 긍정적인 위로로써 스스로를 다독여야 한다. 모든 인간은 외롭지만 누구나 소중한 친구 하나는 최소한 가질 수 있다. 바로 나 자신이다.

실제로 내가 나를 토닥여주면 뇌에서 사랑의 감정을 유발하는 물질인 옥시토신(oxytocin)이 분비된다. 내가 나에게 연민을 베풀면 나 자신에게 애정을 느끼게 되고, 나아가 배려를 받고 있다는 안정감을 느끼게 된다. '지금의 이 고통은 곧 사라질 거야.' '지금의 이 난관은 곧 해결될 거야.' 주문을 외듯 이와 같은 격려로 끊임없이 자기암시를 걸어야 한다. 그리고 진심을 담은 자기연민은 몸과 마음 깊숙이 스며든다. 고통은 점차 줄어들고 용기는 더욱 굳세어짐을 실감할 수 있을 것이다.

자비 명상을 꾸준히 한 사람들은 자비심을 일으키는 뇌 중추의 활동성이 강화된다. 1년 정도만 지속해도 신경세포체가 더 커지고 그 밀도가 늘어나는 등 구조적인 변화가 나타난다는 것이 최근에 입증됐다. 남의 아픔을 위한 연민이나 나의 아픔을 위한 연민이나, 본질은 다르지 않다. 그러니 남에겐 친절한 만큼 나에게도 친절해야 한다. 좋든 싫든 어차피 내가 평생을 안고 가야 할 것이 '나'다. 자기가 자기를 비하하고 끝내 파멸로 이끄는 부정적인 감정과 태도를 버리고 스스로 북돋우면서 배려할 줄 알아야 한다. 신이 아니라 내가 나를 구원하는 것이다.

행복으로 가는 길에는 가시덤불이 무성하다

남의 떡이 더 커 보이는 게 인지상정이다. 아무리 찾아봐도 내게는 이렇다 할 장점과 매력이 없는 듯한데, 남들은 다들 잘나고 멋져만 보인다. 그러나 곰에게도 구르는 재주가 있고, 쇠똥구리에게는 똥을 공으로 만드는 위대한 재주가 있다. 사람의 얼굴이 제각기 다르듯, 타고난 성격과 적성도 다르게 마련이다. 그리고 반드시 특출한 능력 한 가지쯤은 갖고 있다. 누구나 자기만의 얼굴을 가지고 태어나듯.

앞에서 누누이 언급했던 것처럼 인간은 모든 문제를 긍정적이기보다는 부정적으로 바라보는 끊기 힘든 숙업(宿業)을 지녔다. 그래서 자기 자신을 있는 그대로 바라보지 못하고 장점보다는 단점을 침소봉대하는 경향이 있다. 끊임없는 열등감, 자기비하, 패배감, 위축감으로 스스로를 괴롭힌다. 물론 부정적 경향성은 집념과 오기를 재우쳐 자기를 성장시키고 위기를 모면하는 데 기여하기도 한다. 그러나 모나고 불난 마음은 기어이 자신을 파국으로 이끌고 만다.

나의 장점에 대한 자부심은 긍정적 편향성을 촉진한다. 하루 일과를 마친 뒤 그날 있었던 일들을 복기해보자. 어렴풋이나마 기억날 만한 거리는 대략 10가지에서 20가지 사이다. 그리고 똑똑히 기억나는 것은 대부분 한두 가지다. 확률적으로 유쾌했던 경험보다 불쾌했던 경험이 훨씬 뚜렷하게 뇌리에 남아있을 것이다. 불쾌했던 일만 생각난다면 그 기억을 간직하고 있는 뉴런들이 뭉쳐 신경회로를 형성하고 있는 뜻이다. 곧 의도적으로 좋은 생각을 일으키면서 긍정적 신경회로를 만들어 부정적 신경회로의 작동을 멈추도록 해야 한다.

부정적 편향성은 긍정적 편향성보다 훨씬 강력하다. 그래서 아주 작은 부정적 기억이라도 긍정적 기억을 압도해버리기 쉽다. 우리의 암묵기억 안은 악몽과 후회로 가득하다. 그러므로 자신감과 자존감을 자신에게 선사하려면 많은 노력과 꾸준한 연습이 요구된다. 시작이 반이고 천리 길도 한 걸음부터다. 스스로 행복해지기 위해 가장 먼저 해야 할 일은 자기만의 장점을 발견하는 일이다.

우선 나와 우호적인 관계를 맺고 있는 사람들에게서 들었던 칭찬을 떠올려보라. '너는 글을 참 잘 쓰더라', '넌 참 친절하더라' 등등 평소 내가 보여준 능력이나 심성을 추켜세우던 말들이 기억난다면, 그것이 바로 나의 장점이라고 확신하는 태도를 가져야 한다. 이후 나의 장점이라고 정의된 것들을 일상생활 속에서 열심히 실천하는 습관이 필요하다. 장점을 꾸준히 실행에 옮겼을 때, 흐뭇함과 뿌듯함과 여유로움이 서서히 커지는 것을 실감할 수 있다.

물론 그 장점이란 게 때로는 별것 아니게 느껴질 수도 있고,

나에게 적대적인 사람들의 폄하에 낙담할 수도 있다. 하지만 이때 다시 부정적인 감정의 신경회로가 만들어져버리면 도로 아미타불이다. 새롭게 마음을 다잡고 누가 뭐라 하든 말든 신명을 다해 밀고 나가야 한다. 그러다 보면 앙숙이었던 사람에게도 기필코 칭찬받을 날이 있을 것이다. 살다 보니 내가 누군가에게 도움이 된다는 기쁨만큼 값진 기쁨도 없음을 알게 됐다. 행복으로 가는 길에는 언제나 가시덤불이 무성하다. 달리 방법이 없다. 슬기롭고 강인한 마음으로 꿋꿋이 헤쳐 나가야 한다.

뇌를 잘 돌보는 방법

뇌는 신체의 감각과 활동을 통제할 뿐만 아니라 생각과 느낌, 감정과 욕망 등 모든 정신작용을 총괄한다. 뇌사에서 보듯 뇌가 죽으면 목숨도 끊어진다. 또한 뇌를 다치면 인간으로서 정상적인 삶을 영위할 수 없다. 이렇듯 뇌가 절대적으로 중요하다는 것은 모두가 알고 있다. 뇌를 잘 돌본다는 것은 결국 나를 잘 돌본다는 것이다. 그러므로 뇌의 건강을 해치는 생활습관은 철저하게 지양해야 한다.

먼저 뇌의 기능을 저하시키는 각종 독극물을 멀리 할 것을 권고한다. 절주와 금연은 기본이다. 흡연과 음주는 뇌의 발달을 가로막는 장애 요인이 된다. 특히 성장과정에 있는 청소년의 경우 술과 담배는 절대적으로 금물이다. 향정신성 의약품의 무서움도 알아야 한다. 본드 냄새를 맡거나 부탄가스를 흡입하는 것도 뇌의 생명을 단축시키는 지름길이다. 신경세포를 혼미하게 만들고 산소결핍을 야기한다. 말초적인 쾌락에 대한 탐닉은 끝내 치명적인 고통으로 돌아오는 법이다.

둘째는 감염을 최소화해야 한다. 우리의 면역체계는 외부의 병원균이나 알레르기를 유발하는 물질을 처리하려 할 때 사이토카인(cytokine)이라는 화학물질을 온몸에 내보낸다. 사이토카인은 뇌 속에 오랫동안 머무르는 특징이 있다. 이때 기분을 가라앉게 하고 우울감을 일으키는 부작용을 낳는다.

그러므로 사이토카인의 분비를 억제하려면 병원균의 침입을 예방해야 한다. 손을 자주 씻어야 하고 면역기능을 손상시킬 수 있는 음식도 조심해야 할 필요가 있다. 예컨대 밀·귀리·호밀과 같은 곡물이나 낙농제품은 간혹 염증반응을 일으키곤 한다. 이들을 2주 정도 지속적으로 섭취했을 때 이상반응이 일어나지는 않는지 면밀히 살피길 바란다.

셋째, 적절한 휴식도 중요하다. 스트레스는 코르티솔이라는 스트레스호르몬을 분비시켜 뇌 속의 경보장치인 편도체를 자극한다. 편도체가 흥분하면 사람은 매우 예민하고 공격적인 성향으로 돌변한다. 이와 반대로 스트레스 반응을 억제하는 해마의 기능을 위축시키거나 약화시킨다. 스트레스를 낮추는 핵심은 심신의 긴장을 완전히 풀어주는 이완이다. 이완감을 느끼게 되면 부교감신경계가 활성화되어 스트레스를 무력화시킬 수 있다. 가끔씩 몸을 축 늘어뜨린 채 정신을 의도적으로 멍하게 만들면 좋다. 가장 좋은 것은 이완반응 명상을 하는 것이다.

마지막으로 규칙적인 운동은 새로운 신경세포를 탄생시키고 성장을 촉진시킨다. 유산소운동과 근육운동을 병행하면 뇌의 구조를 더욱 탄탄하게 만들 수 있다. 다만 너무 지나치게 힘든 운동은 독소다. 조금 숨이 찰 정도가 적당하다. 관건은 적절한 운동 그리고 즐거운 운동이다.

내 몸에게도 부드럽게 속삭여주자

우리는 으레 육체보다 정신을 중요시한다. '인간은 만물의 영장(靈長)'이라는 전제 아래 부지런히 지식을 쌓고 우쭐대면서 야망을 키운다. 그러나 아무리 거창한 자아실현이라도 몸이 멀쩡할 때나 가능한 일이다. 단언컨대 사람의 근본은 마음에 앞서 몸이다. 대개 사람들은 몸에 탈이 나기 전까지는 머리를 쓰는 일에만 몰두한다. 자신의 생각과 꿈이 자신의 전부인 줄 알고 끊임없이 몸을 혹사하며 목표를 향해 질주한다. 자신을 가혹하게 몰아붙이다가 끝내 병들어 자리에 드러누워서야, 비로소 몸의 소중함을 뒤늦게 깨닫는다.

　피로가 누적되면 몸은 우리에게 이제 그만 쉬어야 한다는 신호를 보낸다. 두통이 생긴다거나 또는 쉽게 피곤해진다든가 아니면 감기에 걸린다거나 하는 현상은 몸이 우리에게 건네는 경고메시지다. 이때 하던 일을 멈추고 휴식을 취하지 않으면 건강이 망가지는 법이고, 결국 그 고통은 고스란히 몸의 주인에게 양도된다. 몸이 건네는 말에 귀를 기울이고 몸을 편안하게 보살펴줘야 하는 이유다. 나의 몸이 곧 나 자신이고, 내 몸을 잘 다루는 것이 곧 나 자신을 잘 다루는 것임을 명심해야 한다.

　그럼에도 불구하고 현대인들은 욕심이나 고집 때문에 힘들어

하는 몸을 배려하기는커녕, 못나고 약하고 추하고 늙었다고 한탄하며 계속해서 채찍질을 하는 편이다. 얼굴이 마음에 들지 않는다고 성형수술을 하고 잘못된 생활습관이 자초한 복부지방을 억지로 빼내겠다고 병원을 찾는다. 자신의 기반인 몸을 스스로 괴롭혀왔다면, 당신의 몸에 대해 곰곰이 생각해보라. 이제까지 오랜 세월 나를 데리고 다니고, 나를 지켜주고, 내 뜻에 따라준 이 몸뚱이가 참으로 장하고 고맙지 않은가. 당신이 당신의 몸을 아껴준다면 몸은 더욱 일을 열심히 하고, 기운도 세지고, 오래도록 당신을 충직하게 보위해줄 것이다.

어떻게 하면 이 몸을 정성껏 배려해줄 수 있을까. 먼저 당신이 좋아하는 친구를 극진히 대접해줬을 때를 기억해보라. 당신이 무엇을 해주고 어떻게 행동했을 때 친구가 기뻐했는지를 떠올려보자. 상식적으로 친구가 지쳐 내게 찾아왔다면, 맛있는 음식과 깨끗한 잠자리를 내어주며 하던 일을 잠시 미뤄두고 우선 쉬라고 하지 않았을까. 내가 지쳤다면 내 몸에도 그렇게 해주는 것이 당연하다. 친구에게 하던 것처럼 내 몸에게도 부드럽게 속삭여주자. '푹 쉬라'고, '쉬엄쉬엄 하라'고.

몸을 소중히 다루면 당신의 몸은 스트레스를 보다 적게 느끼게 된다. 훨씬 더 유쾌하고 여유로운 삶을 살 수 있다. 물론 눈코 뜰 새 없이 바쁜 현대사회에서 몸을 주야장천 편안히 내버려두기란 불가능한 일이다. 다만 하루에 몇 십 분, 단 몇 분이라도 당신이 당신의 몸을 사랑하고 있다는 신호를 부단히 보내주어야 한다.

'나는 나의 몸을 사랑한다', '나는 나의 몸에 감사한다'고 자기 암시를 걸어줄 것을 권한다. 아울러 기지개를 켤 때, 면도를 할 때, 샤워를 할 때, 물 한잔을 마실 때 순간순간 몸에서 일어나는 미세한 반응을 주의 깊게 관찰하면, 몸에 대한 관심과 애정이 새록새록 자라날 것이다. 마치 사랑하는 사람을 즐겁게 해주기 위해 세심하게 마음을 쓰듯이.

chapter 8.

녹슬어 없어지지 않고
닳아서 없어지겠다

지금 이 순간
천국을 보지
못한다면
앞으로도 보지
못할 것이다.

─

빅터 프랭클

행복은 지금 이 순간 열정적으로 움직이는 자의 몫이다

연애는 누구에게나 즐거움이자 설렘이다. 언제 해도 가슴이 두 근거리고 어느 나이에 해도 달콤하다. 내게도 그런 기억이 있다. 1961년 5.16 군사쿠데타가 터지던 해에 서울대 심리학과에 입학했다. 과(科) 동기는 10명이었다. 남자가 9명, 여자는 1명이었다. 서울 출신이 5명, 호남 출신이 3명이었고 2명이 대구에서 왔다. 한 사람은 나였다. 또 한 사람은 경북여고를 졸업한 정방자였다. 신입생 가운데 홍일점이었던 그녀는 훗날 나의 아내이자 아이들의 엄마가 돼주었다.

"객지에서는 고향 까마귀만 만나도 반갑다"는 말이 있다. 동향이었던 우리는 자연스럽게 가까워졌다. 급속한 친밀감에는 아버지들이 똑같이 고등학교 교사라는 공통점도 작용했다. 둘 다 불자이기도 했다. 하지만 정작 학기 중에는 말을 섞을 기회가 별로 없었다. 앞서 밝혔다시피 1학년 교양학부 시절 나는 누구 못지 않은 열혈청년이었다. 쿠데타 이후 군사정권에 맞서 연일 데모에 가담했다. 닭장차에 실려 경찰서에 연행됐다가 풀려나기도 수차 례였다.

반면 그녀는 공부만 파는 모범생이었다. 고등학교 때 독일어를 배우지 않았다며 수업이 끝나면 곧장 독일어학원으로 향했다.

학원을 마치면 아르바이트로 학비와 용돈을 벌었다. 그냥저냥 평범하고 시시한 동창생 사이로 끝날 뻔 했던 우리의 관계는 2학년 여름방학을 맞아 급속하게 발전했다. 방학이 되니 둘 다 고향으로 돌아가야 했다. 대구로 같이 내려가자고 내가 제의했다. 서울역에서 좌석이 있는 통일호를 타기엔, 학생 신분으로 찻삯이 너무 비싸고 구하기도 힘들었다. 청량리역에서 영천을 경유해 대구까지 가는 중앙선 완행열차를 함께 타자고 했다. 무려 12시간이 걸리는 길이었다. 멀고 지루했던 그 길은 그러나 평생 잊지 못할 길이 되어 내게 안겼다.

무려 55년 전에 있었던 일이지만 나의 뇌리엔 그 12시간이 아직도 선명하게 남아 있다. 역마다 기차가 정차하고 사람들이 타고 내리는 장면, 누군가가 장터에 팔러가던 새끼 돼지가 광주리를 탈출해 소동을 피우던 장면, 덩달아 닭들이 기차 안을 활개치며 이리저리 퍼덕이며 날아다니던 장면, 점심으로 먹었던 김밥과 삶은 계란, 열차가 죽령고개를 넘어갈 때 아래로 보이던 까마득한 절경, 절에서 이름을 따온 희방사역(驛)…. 삶의 엄연한 한쪽에 이 시간이 압인된 까닭은, 다시 돌아가고 싶을 만큼 소중하고 아름다운 시간이었기 때문일 것이다.

우리는 열차 안에서 많은 이야기를 나누었다. 취미는 무엇인지, 어린 시절은 어땠는지, 장래계획은 무엇인지…. 대화를 주고받느라 시간 가는 줄 몰랐다. 비좁고 냄새나고 시끄러운 공간이었으나 나에겐 최고의 데이트 장소였다. 나는 그녀에게 잘 보이기 위해 그간 문학책과 철학책에서 얻은 지식을 잡동사니까지 긁어 모아 주절거렸다. 민족주의입네, 후진국 젊은이들의 지향점입네, 문제의식입네 떠들어대며 으스댔다. 그녀는 그때 내가 참 유식해 보여 매력을 느꼈다고 나중에 고백했다.

지금 와 생각하면 쥐구멍에라도 숨고 싶을 만큼 민망한 추억이다. 그러나 내가 그때 치기를 부리지 않았더라면 그녀의 환심을 사서 훗날 아내로 맞을 일도 없었을 것이다. 용기 있는 자만이 미인을 얻는다고 했다. 남의 마음을 얻고 싶다면 그 순간 나의 마음을 남김없이 그리고 아낌없이 보여주어야 한다. 자존심을 지키겠다고 점잖을 빼거나 과연 내 마음을 받아줄까 계산을 하는 찰나, 버스는 영영 떠나버린다. 거리의 버스는 때 되면 다시 오지만 인생의 버스는 결코 돌아오지 않는다. 인생은 타이밍이다. 즐길 수 있을 때 최선을 다해 즐겨야 늙어서 후회하지 않는다.

완행열차 속의 살가운 인연으로 우리는 연인이 됐다. 다만 나라 전체가 찢어지게 가난했고 사회분위기도 보수적이었던지라, 젊은 남녀가 오붓하게 즐길 수 있는 놀이거리는 마땅치 않았다. 그저 같이 중국집에서 자장면이나 우동을 먹고 나면 장충단공원에서 남산 팔각정까지 산책하는 것이 우리들 연애의 전부였다. 함께 식사를 하고 거리를 걷는 순간에도 나의 인문학적 장광설은 멈추지 않았다. 그녀는 항시 듣고 있는 쪽이었다.

3학년이 되었을 때, 미국의 어느 대학에서 장학생을 선발했는데 그녀가 덜컥 합격해버렸다. 내게도 기회가 있었지만 군 미필자여서 길이 막혔다. 우리는 사랑한다고 말하지는 않았지만 이미 사랑하는 사이였다. 사랑하는 사람과 생이별을 해야 한다는 사실에 하늘이 무너지는 기분이었다. 수박 한 덩어리를 사서 무작정 그녀의 대구 집으로 돌진했다. 그녀의 아버지와 함께 수박 섞은 소주를 연거푸 대작하면서 나의 진심을 호소했다.

미래의 장인어른에게 진심을 쏟아낸 다음 그녀에 대한 직접적인 공략에 나섰다. 눈물을 흘리면서 단숨에 수십 장의 편지를 써내려갔다. 머리가 아니라 가슴으로 쓴 글이었다. 두루마리 편지를 소포로 받은 그녀는 결국 유학을 포기했다. 남들이 들으면 그저 시시껄렁한 연애담일지 모른다. 지나간 일을 공연히 주저리주저리 늘어놓은 듯해 민망하기도 하다. 하지만 분명히 밝히고 싶은 건 행복은 지금 이 순간 열정적으로 움직이는 자의 몫이라는 점이다.

운동을 해야 건강해진다. 행복도 훈련을 통해 얻는 것이다. 일흔을 넘게 살면서 절절하게 느낀다. 다음의 6가지를 명심하면 행복에 가까워질 것이다.

첫째, 감정을 억누르지 말고 솔직하게 표현해야 한다. 감정을 자유롭게 표현하기 위해 노력하고 왜곡하지 말아야만 우리의 정신과 뇌는 안정적인 질서를 유지하고 건강해진다.

둘째, 행복은 주관적인 것이다. 객관적으로 행복을 매기려는 환상에서 벗어나야 한다. 진정으로 좋아하는 것이 있다면 그걸 하면 된다. 그게 진리다.

셋째, 스스로 의미 있고 재미있다고 여겨지는 일에 자신을 걸라는 것이다. 온통 전념하고 몰두하라. 넷째는 단순하게 더욱 단순하게 살라는 것이다.

다섯째는 명상을 통해 심신을 수련하라는 것이다. 마지막은 감사하라, 그리고 만족하라는 것이다.

이 6가지가 나의 행복론이고, 수많은 곳에서 읊조렸다.

세상을 있는 그대로 받아들이기

건포도 세 알을 손바닥에 올린다. 들여다본다. 이게 무얼까? 마치 생전에 한 번도 본 적이 없었던 것처럼, 건포도를 들여다본다. 온 몸으로 건포도를 들여다본다. 마음속에 틀림없이 딴 생각이 끼어 들 것이다. 이건 건포도일 뿐이라는 분별심도 틈입할 것이다. 그 래도 부드럽게 잡념을 내려놓고 계속 건포도에 집중한다. 건포도 한 알을 손가락으로 집어 촉감을 느껴본다. 뒤집어도 보고 불빛에 비춰도 본다. 불빛이 건포도를 통과하는지 통과하지 못하는지 살 핀다. 손가락을 움직여 꾸준히 건포도의 촉감을 느껴본다. 문득 내가 쓸데없이 무슨 짓을 하고 있나, 한심하게 여겨질 수 있다. 이 때 마음속에 지루해하거나 시시해하거나 민망해하는 생각이 드는 지 살펴본다.

다른 생각이 끼어들어도 실수하거나 잘못한 것은 아니다. 마 음을 건포도에 다시 모으면 된다. 다음엔 건포도를 귀에 가져다 대본다. 손가락으로 비비면서 소리가 나는지 들어본다. 마음속에 잡다한 생각이 떠오르거든 천천히 그 생각을 내려놓고 다시 건포 도 쪽으로 의식을 집중한다. 이번에는 건포도를 코 가까이 대본 다. 냄새를 맡아본다. 냄새가 어떻게 자신의 몸 안으로 들어오는 지를 살핀다. 이번엔 입술 앞으로 가져온다. 입 안에 넣지는 말고

입 안에서 어떤 반응이 일어나는지를 지켜본다. 침이 고인다면 어디에서 가장 많이 고이는지를 느낀다. 혀가 움직이는지도 관찰한다. 잠시 뒤 입을 열고 입속에 건포도를 넣는다. 그 다음 어떤 일이 일어나는지 마음을 살펴본다. 씹기 직전의 건포도의 느낌, 입 속에서 일어나는 변화, 혀끝에 닿는 건포도의 감촉, 침의 고임과 흐름에 마음을 집중한다.

재차 강조하건대 어떤 생각이나 판단이나 이야기가 떠오른다면 관대하게 그것을 그냥 놓아 보내준다. 오직 자신의 구강과 건포도의 표면에서 펼쳐지는 일에만 감각을 몰입하여 줄기차게 마음을 챙겨본다. 이제 건포도를 서서히 씹는다. 처음 깨무는 순간을 느낀다. 맛을 본다. 달콤한지, 새콤한지, 부드러운지, 딱딱한지, 쫄깃한지, 입안의 어떤 부분에서 맛이 가장 강하게 느껴지는지를 집중해서 살펴본다. 되도록 천천히 씹으면서 건포도의 모든 것을 감각한다. 삼키면 어떤지, 삼킨 뒤에도 맛이 남아 있는지 지금 이곳에 존재하는 모든 감각을 총동원하여 느껴본다. 나머지 두 알도 반복하여 그런 식으로 집중하여 마음을 챙겨가며 천천히 씹어 먹는 과정에서 모든 감각들을 느껴본다.

이것이 바로 '건포도 명상'이다. 읽기에 지루했을지 모르겠다. 그러나 실제로 따라 해보면 전혀 새로운 느낌을 체험할 수 있다. 우리가 평소에 무심코 아무 생각 없이 하던 행동을 극단적인 주의력으로 반추하면서 자신의 본마음을 알아차리자는 것이 건포도 명상의 목적이다. 고작 건포도 세 알로도 20분쯤은 마음을 고요하게 가라앉힐 수 있다. 불가에서 행하는 참선과 크게 다를 바가 없다. '이뭣고' 화두를 건포도로 대체했을 뿐인데, 죽어 있던 감각을 되살리고 늘 깨어 있는 마음을 얻을 수 있는 가장 간단한 훈련이다. 더구나 관념이 아닌 건포도라는 실체, 오감이 인지할 수 있는 대상을 방편으로 사용하기에 마음챙김을 이루기가 한결 수월하다.

고통을 만났을 때 우리는 고통에 반응하는 데에만 급급해한다. 아프다고 칭얼대고 왜 나만 아파야 하느냐며 억울해할 뿐이다. 그러나 고통을 있는 그대로 받아들이고 고통에 대해 깊이 성찰해야만 고통을 극복할 수 있는 지혜가 생기게 마련이다. 지금의 고통이 어떤 모습인지 어디에서 왔는지를 가만히 관찰해보자. 현재에 주어진 슬픔의 내용을 순간순간 알아차리면 마침내 슬픔이 조각조각 조금씩 사라지는 것을 체험할 수 있다. 글자 수가 무려 10조(兆) 개를 넘는다는 『화엄경』의 방대한 체계를 녹여서 한마디로 정리하면 '고집멸도(苦集滅道)'다. 고(苦)의 원인은 집(集)이고 집을 멸(滅)한 결과가 곧 도(道)다. 집은 집착을 뜻하고 집착을 버리면 결국 행복해진다.

건포도 명상이 값진 이유는 세상에 대한 진심어린 애정을 가르쳐주기 때문이다. 앞서 밝혔듯 건포도에 대한 선입견을 버리는 것이 명상의 시작이다. 단순히 심심풀이 주전부리일 뿐이라는 편견을 내려놓으면 그간 미처 알지 못했던 건포도의 특성과 매력을 만끽할 수 있다. 세상살이도 이러하다. 우리가 늘 괴롭고 목마른 까닭은 자신을 둘러싼 사람과 사물을 오직 도구적 존재로 파악하는 탓이다.

'먹을 수 있는 것이냐 없는 것이냐, 나에게 쓸모가 있느냐 없느냐, 돈이 되느냐 안 되느냐'로만 따진다. 이용가치로만 판단하는 삶을 지속하면 그 업이 쌓여 자기 자신도 이용가치의 범주에 매몰된다. 내가 누군가에게 이용당하는 건 아닌지, 사기를 당하는 건 아닌지 끊임없이 의심하고 불안해한다. 세상을 있는 그대로 받아들일 때 진정한 가치가 드러나는 법이다. 너무 계산하고 살지 말자.

명상의 핵심

수련자들에게 등을 바닥에 대고 편안히 누우라고 지시한다. 등받이의자에 앉아도 좋다. 이어서 왼발 새끼발가락 끝에서 서서히 상체 쪽으로 주의력을 이동시킨다. 차례차례 신체의 각 부위의 감각에 집중한다. 왼쪽다리에 대한 살피기가 끝나면 오른쪽 다리로 관심을 옮긴다. 몸통, 팔, 어깨, 목, 얼굴, 머리를 마음속으로 어루만진다.

주의해야 할 점은 신체 곳곳에서 일어나는 감각이나 느낌을 인위적으로 변화시키려 하지 말고 단순하고 소박한 심정으로 마냥 살펴봐야 한다는 것이다. 감각이 있으면 있는 대로 감각이 없으면 없는 대로 그것을 음미하면 된다. 신체의 어떤 부위에서 긴장이 느껴지면 단지 '그곳에 긴장이 일어났구나' 알아차리기만 하면 된다. 아픔이 느껴지면 '그곳에 아픔이 일어났구나' 알아차리기만 하면 된다.

마음이 흔들려 주의가 흐트러지는 경험을 반드시 하게 마련이다. 이때 자기 자신에 대해 어떠한 비난도 해서는 안 된다. 모든 판단을 중지하고 일어난 경험을 있는 그대로 받아들이는 것이 마음챙김 명상의 핵심이다. '이렇게 하는 건 틀린 것이야', '이렇게 해서는 안 돼' 대신에 '이 생각은 나의 섣부른 판단일 뿐이야', '공상이 떠올랐군, 다시 주의를 집중해야지'라는 긍정적인 마음가짐을 가져야 한다.

세수할 때, 청소할 때, 걸어갈 때, 밥을 먹을 때, 운전을 할 때에도 명상은 가능하다. 명상이란 일상생활 속에서 하는 모든 행들들에 대해

244

알아차림하는 깨어있는 삶이다. 일상생활 속에서 호흡 명상을 간간히 실천하면 유익하다. 순간순간 자신의 호흡에 주의를 기울이면 자각능력과 통찰능력이 커진다. 특히 마음이 불안하거나 우울할 때 또는 몹시 당황스럽고 긴장될 때 날숨과 들숨에만 몰입하며 마음을 챙기면 크게 도움이 된다.

일상 속의 여러 사건을 기록으로 남겨두는 것도 좋다. 즐거웠던 일은 즐거웠던 대로 불쾌했던 일은 불쾌했던 대로 그 순간 느꼈던 감정을 적는 일이다. 긍정과 부정의 상황마다 마음이 변화하는 패턴을 이해하게 되면서 흥분을 가라앉히고 인생을 차분하게 관조할 수 있는 능력을 얻을 수 있다.

무엇보다 중요한 자세는 의무감이나 기대감을 내려놓는 것이다. '마땅히 무엇을 느껴야 한다' 혹은 '반드시 무슨 일이 벌어질 것이다' 따위의 생각은 우리의 마음을 옭아맨다. 밥을 먹으면서 내일의 끼니를 걱정하면 금방 밥맛이 떨어지게 마련이다. 눈앞에 놓인 이 밥을 열심히 먹고 열심히 일하면 내일의 밥은 저절로 생긴다. 언제나, 지금 이 순간에 답이 있다.

책 속의 세상과 진짜 세상

나는 3곳의 중학교를 다녔다. 1년에 한번 꼴로 전학했다. 교사였던 아버지가 전근을 다닐 때마다 꽁무니를 좇았다. 처음엔 김천중학교에 입학했다. 아버지가 김천고등학교에 부임하기로 예정돼 있었기 때문이다. 그러나 예정대로 전근이 진행되지 못해 두 달도 채 되지 않아 성주중학교로 적(籍)을 옮겼다. 그곳에서 10달쯤 지난 후 마지막 세 번째 학교로 전학했는데, 일흔여섯 살이 된 지금까지 그때의 기억을 꼭꼭 숨기고 산다. 그만큼 내게는 불안하고 치욕적인 기억의 공간이었다. 평생에 걸쳐 가장 지독한 트라우마가 여기서 비롯됐다.

가족이 대구로 이사를 하게 되면서 인연을 맺은 학교다. 당시 대구는 전쟁 직후 이북의 피난민들까지 대거 정착하면서 엄청난 인구로 북적였다. 가난과 절망에 찌든 소년들은 매우 거칠고 살벌했다. 학교폭력이 만연했다. 학교 환경 또한 황량하고 거칠었다. 몇 번의 폭력사건을 경험하고 나서 나는 아예 학교에 가지 않고 집에서 혼자 공부했다. 학교가 너무나도 무서웠고 싫었다.

유년 시절 아버지는 나의 든든한 그늘이었다. 교사라는 직업과 배려심 넘치는 따뜻한 성품, 그리고 마을사람들의 존경과 신망이라는 두터운 권위에 철저히 기대었다. 코흘리개들이 엄마의 치

246

마폭을 잡듯이 나는 아버지의 바짓가랑이를 잡은 셈이다. 그러나 대도시의 낯설고 거친 환경 속에서 아버지의 위세는 예전 같지 않았다. 의지가지가 약해지자 나의 자존감도 무너지기 시작했다. 그전까지 익숙했던 선생님들의 애정도 멀어졌다. 어른들의 인정과 지지가 옅어지면서 의존적 성격은 도무지 갈피를 잡지 못했다. 학교가 무서웠다. 너무나 무서웠다. 이것이 나의 세 번째 중학교의 기억이다.

중학교 진학을 앞두고 일제고사를 치렀다. 전국 초등학교 6학년들의 학력 수준을 평가하기 위한 시험이었다. 나는 전교에서 1등을 차지했다. 선생님은 내 성적을 기준으로 1점당 1대씩 급우들을 매타작했다. 어느 아이는 나보다 100여 점이 모자라 무려 100여 대를 맞았다. 피멍이 들어 퉁퉁 부은 허벅지를 부여잡고 눈물을 뚝뚝 흘리던 그의 모습을 보면서 나는 엄청난 죄책감에 사로잡혔다. 그러나 무조건 1등을 해야 한다는 강박관념은 멈추지 않았다. 보잘 것 없는 내가 살아남을 수 있는 방법은 그것뿐이라고 믿었으니까.

'불안'은 '공포'와 다르다. 실체가 확실한 적에 대한 두려움이 공포라면, 막연한 대상과 상태에 대한 두려움이 불안이다. 청소년기의 나는 어른들의 권위와 기성세계의 질서에 애오라지 의지하고 순종하면서 나를 지켜왔다. 아울러 그들이 나에게 부여해준 정체성이 흔들릴 때면 엄청난 낙담과 우울감에 휩싸였다. 30대의 어느 날 상담심리학을 전공하던 아내의 끈질긴 권유로 결국 정신분석을 받으면서, 의존성 성격장애를 앓고 있다는 사실을 절감했다. 주변 사람들로부터 인정받고 사랑받고자 하는 욕구가 지나쳐 나도 힘들었고 가족들도 힘들었다.

〈행복은 성적순이 아니잖아요〉라는 제목의 청소년영화가 있었다. 여든을 바라보는 나이에 지난날을 돌이켜보면, 인생에 관해 그만큼 정확하고 탁월하게 진단을 내린 해답도 없는 것 같다. 공부를 잘 한다는 건 남들보다 시험을 잘 친다는 뜻이다. 엄밀히 말하면 시험을 잘 치는 '기술'이 능숙할 뿐이라는 것이다. 누군가가 시험을 잘 칠 때 또 다른 누군가는 축구를 잘 하거나 피아노를 잘 연주할 수도 있다.

아니면 사람들과 스스럼없이 사이좋게 어울리는 재주가 특출할 수도 있다. 나이가 들면 이것이 최고의 능력이 된다는 사실을 뼈저리게 느낀다. 더구나 시험에서 전국 1등이 사회생활에서도 전국 1등을 하리란 보장은 전혀 없다. 학창시절 교과서와 참고서를 통해 얻은 지식과 문제해결 능력이 성인이 되어 인간관계에서도 유효한 경우는 거의 드물다. 되레 책 속의 세상에 갇혀 진짜 세상을 보기 어렵다.

21일의 법칙

'21일의 법칙'이란 게 있다. 앞서 설명한 신경가소성의 원리와 관련이 깊다. 21일만 철저하게 연습하면 습관이 바뀌고 뇌가 바뀔 수 있다는 주장이다. 여기서 21일이란 대뇌피질과 피질하 구조 사이에 새로운 신경회로가 만들어지는 시간을 의미한다. 생각이 대뇌피질에서 피질하구조까지 내려가는 최소한의 시간을 일컫는다. 피질하구조는 호흡 체온 혈압과 같은 생명유지 장치를 관장하는 뇌간도 포함한다. 다른 뇌 부위가 손상될 경우 신체적·정신적 장애를 입는 데 그치지만, 뇌간이 다치면 죽음과 직결된다.

생각이 뇌간에 이르면 자연스러운 습관이 되어 몸에 밴다. 마치 심장이 뛰어 온몸 구석구석 혈액을 주입하는 이치와 동일하다. 아무리 좋은 생각 또는 굳건한 의지라도 적어도 21일은 반복적으로 생각과 의지를 실천으로 옮겨야 한다. 그래야만 비로소 뇌가 그에 대한 보상을 선사한다. 21일이면 3주다. 3주는 흡연을 참아야 담배를 끊었다고 말할 수 있다. 또한 웃을 일이 없어도 3주만 의도적으로 실실 웃고 다니면 긍정적인 성격을 가질 수 있다.

예컨대 병아리가 알에서 부화하기까지 걸리는 시간이 21일이다. 생쥐가 뱃속에 새끼를 잉태해 출산하기까지 21일이 걸린다. 우리 민족에게는 삼칠일(三七日) 풍속이 있다. 갓 태어난 아기는 외부세계의 부정(不淨)에 노출되어 있다고 여겨 산모와 함께 일상으로부터 격리해 보호했다. 이때 엄마와 아기의 처소에 금줄을 치는데, 상갓집을 방문했거나 흉사에 휘말린 사람은 아버지라도 들이지 않았다. 마침내 21일째 되는 날 위험한 시기를 잘 넘겼다는 의미로 새벽에 삼신할머니에게 흰밥과 미역국을 올린 뒤 금줄을 내렸다. 한국의 선원(禪院)에도 삼칠일(三七日) 용맹정진이란 전통이 있다. 21일 동안 잠을 자지 않고 참선을 하면 반드시 크게 깨달으리라는 믿음으로 화두를 든다.

이렇듯 21일은 변혁의 기간이자 행복을 약속하는 숫자다. 21일만 꾸준히 노력하면 우리는 지금까지와는 완전히 다른 새로운 삶을 살 수 있다. 우리의 뇌가 달라지기 때문이다. 그리고 마음가짐의 작은 변화가 대변혁의 출발이다. 삶을 사랑하려면 나 자신부터 사랑해야 한다. 나만이 가진 장점을 스스로 대견해하라. 아울러 더 나아질 수 있는 부분에 희망과 용기를 불어넣으라. 부족하고 한심하게만 느꼈던 자신에 대해 제대로 관찰하고 소중히 여기는 마음이 자존감을 높이는 기본이다. 내 삶의 주인공은 나이며, 내가 나를 아껴주지 않으면 아무도 나를 아껴주지 않는다.

자기 자신을 향한 애정이 싹트면 그 에너지를 주변에까지 확산시켜야 한다. 가까운 가족과 친척을 떠올리며 그들의 행복과 안녕을 진심으로 빌어준다. 나아가 평소에 소원했거나 사사건건 부딪혔던 사람마저도 잘 되기를 기도해준다. 나를 괴롭혔고 상처를 입혔던 자를 위해 축복을 빌어준다는 것, 몹시 계면쩍고 어쩌면 불가능할 수도 있다. 그러나 분명한 사실은 마음 속 증오의 불길은 적(敵)에게 어떠한 피해도 입히지 못한다는 것이다. 오직 나만을 죽일 뿐이다.

여든을 바라보는 날들의 일상

1999년 지금의 아내와 재혼했다. 조미향 선생은 서양화가로서 왕성하게 활동하고 있다. 올 봄에는 프랑스 파리에서 개인전을 가지기도 했다. 나이 차는 꽤나 나지만 여러 면에서 대화가 잘 통하는 사이다. 성격이 까다롭지 않고 무던할 것, 나와 같이 불교신도이거나 최소한 무종교인일 것, 자기 일을 가지고 있고 그 일을 열정적으로 할 것이라는 세 가지 조건을 모두 갖춘 여자였다. 늙어갈수록 최고의 배우자는 친구 같은 사람이란 걸 절감한다.

아내는 나의 가장 큰 매력으로 종교성을 꼽는다. 처음 만났을 때 나에게 장래 희망이 무어냐고 물었었다. 나는 추호도 망설임 없이 '해탈'이라고 대답했다. 세상물정에 닳고 닳았을 예순이 다 되어가는 나이에 인생의 목표가 해탈이라니…. 그 말이 황당하면서도 자못 순수하게 들렸었던 모양이다. 그녀 역시 남편으로서의 나에게 만족하는 눈치다. 첫째 형이상학적인 목표를 가진 사람, 둘째 자기 자신만을 위해서 살아오지는 않은 사람, 셋째 미간에서 힘이 나오는 게 느껴지는 사람이라는 아내의 이상형에 부합하려고 오늘도 노력하고 있다.

영남대에서 정년퇴임한 뒤 대구 변두리에 있는 지금의 아파트를 얻었다. 거실에 '심경정사(心耕精舍)'라는 팻말을 붙여놓았다. 내게 집은 마음을 갈고 닦는 절과 같은 곳이다. 아내는 매일 자신의 화실에 나가 그림 작업을 한다. 아내가 화실에 가면, 그때부터는 책을 읽고 쓰는 시간이다. 틈틈이 명상을 하고 운동을 한다. '단순하게 더 단순하게 끝까지 단순하게' 살자는 것이 여든을 앞둔 나의 생활신조다.

이제 나의 이야기를 마칠 때가 되었다. 늘그막에 깨달은 지혜가 있다면 'No Judge', 곧 '판단하지 말라'는 것이다. 선입견을 극복하라는 뜻이고 현실을 있는 그대로 겸허하게 받아들이라는 뜻이다. 자신과 세상을 섣불리 규정하려는 습성이 온갖 괴로운 감정을 유발하는 법이다. 모두를 아군 아니면 적군으로 구분 지은 뒤제 편에게만 잘해주고 상대편은 철저히 무시하고 비난하는 습관은 사람을 속 좁은 인간으로 만든다. 또한 남들 위에 서려 할수록 스스로가 자초한 망상에 짓밟히기 십상이다.

『대승기신론』은 대승불교의 핵심이 되는 논서(論書)다. 참다운 믿음이란 무엇인가에 관해 설명했다. 자성청정심(自性淸淨心)에 대한 믿음을 강조한다. '지금 내가 있는 그대로 한없이 깨끗하고 고귀한 부처'라는 확신. 기신론은 '본래부처'를 말하는 조사선의 이론적 준거로도 볼 수 있다.

있는 그대로의 나를 믿으면 나의 삶에 만족하게 된다. 눈으로 볼 수 있고 귀로 들을 수 있고 밥 먹을 입이 있으면 그게 행복이다. 몸뚱이 하나만으로도 삶은 충분히 건실하다. 중생이 오판하고 실수하는 까닭은 '더 나은 나'에 대한 갈애 때문이다. 자성청정심의 지평에서 바라보면, 명성(名聲)은 망상이다. 살아있다면, 살아내면 그만이다.

아들은 미국에서의 교통사고로 나처럼 큰 부상을 입었으나 훌륭하게 극복해냈다. 미국에서 심리학을 전공한 후 MBA 과정까지 마치고 대기업에서 일하며 사회적 입지를 탄탄히 다졌다. 그러다 제2의 인생, 자기가 진정으로 꿈꾸던 인생을 살겠다며 과감하게 사표를 냈다. 지금은 충북 괴산에서 거친 산자락의 땅을 빌려 사과농사를 짓는다. 힘든 고비들이 너무도 많지만 꿋꿋하게 잘 넘기고 있다. 믿음직하다. 조만간 아들이 자리를 잡으면 1년에 한두 차례라도 아들과 함께 초야에 묻혀 좋아하는 농사를 지으면서 여생을 마무리할 생각이다.

딸이 셋이나 된다. 딸부자다. 큰딸은 참으로 재기가 넘쳤다. 화학을 전공했다. 나와 함께 『붓다 브레인』과 『과학 명상법』을 번역했고, 지금은 학원의 선생님으로 열심히 살고 있다. 둘째딸은 심리학을 전공해 대학교수가 되었다. 임상심리학을 전공해 정신적으로 어려운 사람들에게 도움을 주는 데 혼신의 노력을 다하고 있다. 막내딸은 재혼할 때 새로 얻은 딸이다. 상담심리 전문가로 대기업에서 카운슬러로 일하며 마음 아픈 사람들을 도와주고 있다. 곧 결혼한다.

20년 전의 교통사고로 이야기를 시작했다. 예정했던 선원에 들어가지 못하게 된 우연은 나에게 끔찍한 시련을 가져다주었다.

자포자기할 수도 있었다. 그러나 내가 정신을 차리지 않으면 남은 아이들은 어쩌나 싶어 간신히 기운을 냈다. 어떻게든 살아냈다. 할 수 있는 일부터 최선을 다 했다. 우리는 모두가 끝내는 죽는다. 녹슬어 없어지기보다는 닳아서 없어지는 연장이 더 많은 사람들에게 이익을 안겨다줄 수 있다. 인생에 정답은 없다. 오직 정진(精進)만 있을 뿐이다. 오늘도 마음밭을 갈고 있다.

아내 조미향 선생은 서양화가로 활동하고 있다. 잠시 그림을 보며,
마음의 자유롭고 활달한 움직임을 느껴보는 것도 좋을 듯하다.
그림과 함께 작가의 말을 몇 글자 덧붙인다.

Acrylic on canvas, 70×70cm

Acrylic on canvas, 31.8×40cm

오로지 내면의 감각에 집중해 선과 색, 화면의 구조를 채워 나간다. 그러한 붓질을 통해 미처 알 수 없었던 내면 깊은 곳의 에너지와 마주 치곤 한다.

그냥 그들의 재잘거림, 혹은 웅얼거림, 또는 폭언까지도 수용하고
들어주고 싶다. 나는 그들을 사랑한다.

Acrylic on canvas, 91×91cm

Acrylic, korean ink on canvas, 70×70cm 일부

Acrylic on canvas, 130×193cm

땅속을 헤집는 두더지의 몸짓과 공중을 가르는 독수리의 궤적처럼,
서로 무심하게 그러나 크게는 함께 존재하는 세계의 모습을 나는
그려내고 싶다.

마음챙김 명상은
어떻게 수련하는가?

Ⅰ. 마음챙김 명상이란?

마음챙김(mindfulness)이란 초기불교의 마음수행 전통에서 유래한 명상 수련법의 하나다. 미얀마 등지의 동남아시아에서 위빠사나(vipassana) 수행이라는 이름으로 오래전부터 전해져오고 있다. 오늘날엔 미국, 영국, 캐나다, 프랑스, 독일 등의 서구 국가들에서 만성질환의 치료와 스트레스 피해의 예방을 목적으로 많이 사용하고 있다.

매사추세츠대학 의료원의 행동의학자 존 카밧진(Jon Kabat-Zinn) 교수는 '마음챙김에 기반을 둔 스트레스 감소(Mindfulness Based Stress Reduction : MBSR)'라는 명상 프로그램을 처음 개발하여 의료에 활용할 수 있는 초석을 쌓았다. 그는 마음챙김을 "현재 이 순간 일어나고 있는 경험에 대해, 어떤 판단도 하지 않은 채 의도적으로 주의를 집중하는 것"이라고 정의한다. 이처럼 마음챙김은 "지금 이곳에서 일어나고 있는 경험에 대해, 깨어있는 마음[心]으로 바라보는 것[觀]"이다.

마음챙김 명상 수련은 삶의 괴로움[苦]에서 벗어나 행복한 세계로 가는 수행이다. 이 수행법은 알아차림, 통찰, 직관과 같은 지혜를 성장시킨다. 또한 평정심과 같은 흔들리지 않는 평화로운 마음과 자애·자비심과 같은 넉넉한 마음을 안겨준다.

MBSR 프로그램은 1990년 미국 매사추세츠대학 의료원에 처음 임상 프로그램으로 등장했다. 90년대 말부터 의료보험이 적용되었고, 2000년대 초반 이미 미국의 중요 의료원 200여 곳에서 행동의학 프로그램으로 채택되었다. 2015년의 경우, 미국에서만 900여 곳에서 MBSR이

임상에 활용되고 있다. 오늘날 미국 심리학이나 정신의학에서는 마음챙김 또는 마음챙김에 바탕을 둔 수용전념치료가 인지행동치료의 제3물결이라 불리며 크게 유행하고 있다. 이를 반영하듯 현재 미국 정신치료가의 과반수 이상이 마음챙김 명상을 임상에 활용한다. 미국심리학회는 오늘날을 "마음챙김이 치료가 된 때"라고 말하고 있다.

마음챙김에 기반을 둔 치료법들의 공통점은 모두 '알아차림(awareness)'을 중요시한다는 것이다. 다시 말해 '지금 이곳에서(here and now)' 일어나고 있는 일에 마음을 챙겨 알아차리는 훈련을 강조한다. 마음챙김 수련방법에는 여러 종류가 있는데, 크게 공식적인 것과 비공식적인 것으로 구별한다. 공식적 수련은 매일 일정한 시간 동안 미리 계획된 표준적인 수행 방식에 따라 수행하는 몸살피기(body scan), 정좌명상, 하타요가 등이다. 비공식적 수련은 일상생활 속에서 호흡할 때, 걸어갈 때, 대화할 때, 먹을 때와 같이 어떤 하나의 특정한 행동을 할 때, 그 행동 하나하나의 동작에 마음챙김하여 알아차림하는 명상을 말한다.

수련자들은 자신의 주의가 공상이나 과거의 기억 또는 미래의 계획들에 자동적으로 빠져들어 방황하고 있다는 것을 알아차림하고, 지금 행하고 있는 대상 쪽으로 주의를 되돌리게 한다. 예컨대 신체의 어떤 부위에서 어떤 감각이 느껴지거나 마음속에 어떤 특별한 감정이 일어나게 되면, 그런 것이 일어났음을 알아차림한다. 그리고 그런 감각이나 감정이 생겨나 변화해가고 또 사라져가는 것을 어떤 판단도 하지 않은 채 그대로 살펴보도록 한다.

수련자들은 관찰된 현상들에 대해 호기심과 흥미를 갖고 바라보며, 일어나는 현상을 있는 그대로 받아들이도록 한다. 관찰한 경험에 대해 어떤 평가나 판단을 하지 말아야 하고, 또 그것을 무시하거나 의도적으로 변화시키려 해서도 안 된다. 오직 감각이나 감정, 생각이 자연스레 나타나 변화되어 가다가 사라져가는 것을 바라보기만 하면 된다.

마음챙김 명상은 주의를 어떤 특정한 대상에 계속하여 집중하는 것을 강조하는 호흡 명상이나 만트라 명상과 같은 집중 명상과는 다르다. 마음챙김 명상은 주의가 흔들린다거나 공상을 하고 있다거나 감각, 생각, 또는 감정이 변화되는 것을 알아차리는 그 자체가 바로 관찰의 대상이 된다.

마음챙김 명상에서도 마음집중에 바탕을 두는 집중 명상부터 시작하는 경우가 많다. 예컨대 주의가 흔들려 다른 곳에 가 방황하고 있다는 것을 알아차렸을 때, 호흡에 주의의 초점을 되돌리는 집중 명상을 닻(anchor)으로 삼아 점차 마음챙김으로 확산해 나간다.

마음챙김 명상은 시간이 지나면서 자연스럽게 일어나는 감각, 감정, 욕망, 생각, 기억, 환상들의 출현과 흐름과 변화를 있는 그대로 관찰하는 것을 강조한다. 즉, 수행자는 명상 중에 일어나는 다양한 현상들에 대해 상대적 가치나 중요성으로 분별하여 판단하지 않고, 오직 일어나는 대로 알아차리기만 하면 된다. 이렇게 일어나는 대로 판단 없이 순수하게 알아차림하는 것을 '순수한 주의(bare attention)' 또는 '선택하지 않는 알아차림(choiceless awareness)'이라고 한다.

Ⅱ. 마음챙김 명상 수련의 내용

MBSR은 만성통증과 스트레스 관련 질병을 가진 환자의 치료를 위한 행동의학 프로그램으로 개발되었다. 이 프로그램은 8주 동안 매 주당 한 회기씩, 각 회기마다 2.5~3시간 정도 진행된다. 6주째는 하루 종일 진행되는 마음챙김 수련회기가 포함된다. 매주 한번 센터에서 진행되는 수련일 외의 6일간은 집에서 매일 45분간 마음챙김에 관한 훈련을 해야 한다.

수련은 공식적 수련과 비공식적 수련으로 나뉜다. 공식적 수련은 매일 일정한 시간을 할애하여 마음챙김 명상 안내문이 담긴 CD를 들으면서 따라한다. 몸살피기, 정좌명상, 하타요가 수련이 주를 이룬다. 비공식적 수련은 일상생활 속에서 할 수 있는 수련 내용으로 건포도 먹기 명상, 걷기 명상, 호흡 명상, 자비·자애 명상, 알아차림 명상 등이 있다. 처음 배울 때는 명상 안내문 CD의 지시에 따라 수련하면 기초를 다지는 데 도움 된다.

다음에 소개할 마음챙김 명상유도 안내문은 필자가 병원 환자나 일반 성인들을 대상으로 심신 건강 증진과 삶의 질 고양을 위해 개발하고 보급해온, '한국형 마음챙김 스트레스 감소(K-MBSR)프로그램'의 안내문 내용을 옮긴 것이다.

1. 건포도 먹기 훈련

건포도 먹기 훈련은 비공식 명상으로 처음 MBSR에 참가한 수행자들이 첫 회기에 시작하는 마음챙김 명상의 첫 번째 훈련이다. 서너 알의 건포도 알을 나누어주고, 과거에는 한 번도 보지 않았던 것처럼 흥미와 호기심을 갖고 관찰하도록 한다.

수련자들은 건포도 알을 만져보고, 표면을 살펴보기도 하고, 불빛을 투과해보기도 하고, 귀에 대고 손가락으로 문질러 소리를 들어보기도 하고, 냄새도 맡아본다. 그런 후에 천천히 입속에 넣었을 때 침이 어디에서 나오고 고이는지 등을 살펴본다. 또한 서서히 씹었을 때 이와 혀의 반응, 맛과 질감 등을 살피고, 삼켰을 때 목구멍에서 일어나는 감각적 느낌까지 살펴본다. 만약 감각 경험과 관련 없는 어떤 생각이나 감정이 일어나면, 그런 생각이나 감정이 일어났음을 살펴본 후 건포도 쪽으로 주의를 되돌리도록 한다.

건포도 먹기 훈련에 참여해본 사람들은 자신이 평소 음식을 먹을 때 맛도 모르고 얼마나 건성으로 먹어왔는지를 절감하게 되었다고 말한다. 자동조정에 의해 정신없이 해왔던 일상의 활동들에 대해 알아차림한다는 것은 각 활동에서 느껴지는 체험의 질을 밀도 있게 관찰하도록 해준다. 그러면 삶을 대하는 의미가 신선하고 새롭게 다가온다. 이처럼 일상적 경험에 대한 알아차림 능력이 높아지면, 그동안 알아차림 없이 해왔던 일들에 마음챙김할 수 있게 된다.

수행자들은 제1회기가 끝난 후 일주일 동안 음식물을 먹을 때, 지금 행한 건포도 먹기 훈련처럼 마음챙김하여 천천히 먹고 감각적 체험을 알아차림하도록 한다. 건포도 먹기 명상 안내문을 자신의 목소리로 녹음해서, 그 안내문을 들으면서 따라해도 좋다.

건포도 먹기 명상 안내문

건포도 서너 알을 골라서 손바닥 위에 올려놓으십시오. 편안하게 앉아서 이 건포도를 과거 한 번도 보았거나 맛본 적이 없었던 생소한 것처럼 관찰하십시오. 모든 감각을 총 동원하여 건포도를 바라보십시오. 이것은 어떤 것이며 이것을 먹어보면 어떨까, 마음속에서 호기심이 일어나게 하십시오. 지금 하고 있는 이 일에 대해 의문이 일어나려고 할 때는, 일단 의문을 내려놓고 그냥 건포도에만 초점을 두고 관찰하십시오.

잠시 뒤 건포도 한 알을 골라 손가락으로 집어서 촉감을 느껴 보십시오. 뒤집어도 보고 좀 더 가까이 가져와 살펴보십시오. 빛에 비춰보고 불빛이 이 건포도를 통과하는지도 살펴보십시오. 천천히 하십시오. 마음이 조급해지거나 지루하다는 생각이 드는지 살펴보십시오.

마음이 건포도를 떠나 다른 생각이나 다른 이야기로 옮겨 가는지 주목해 보십시오. 마음이 다른 곳으로 떠나 버려도 스스로에게 관대하게 대하십시오. 비록 그렇다 하더라도 실수나 잘못을 한 것은 아닙니다. 그냥 조용히 마음을 건포도 쪽으로 데려 오십시오.

건포도를 한쪽 귀에 갖다 대보십시오. 손가락으로 비벼 보십시오. 무슨 소리가 들리십니까? 다른 쪽 귀에다 대고도 해보십시오. 비비는 속도를 달리해 가면서 비벼보십시오. 지금 이 순간 이 일에 마음이 머물고 있습니까? 비비면 소리가 들립니까? 마음속에서 일어나는 모든 생각과 판단을 알아차리십시오. 생각을 보시고는 부드럽고 관대하게 그 생각을 내려놓고 건포도 소리로 되돌아오십시오.

시간을 충분히 갖고 하십시오.

서두르고 싶은 생각이나 성급한 생각 혹은 실망감과 같은 것은 없는지 잘 살펴보십시오. 자기 자신에게 넉넉하고 친절하게 대하십시오. 비록 이러한 느낌들이 나타난다 하더라도 관대하게 받아들이고선 다시 건포도로 의식을 돌리십시오.

건포도를 코 가까이에 대보십시오. 무슨 냄새가 나지 않습니까? 어떤 냄새입니까? 지금 바로 그 냄새를 맡으면서 그대로 머무르십시오. 냄새를 맡으면서 어떤 이야기를 만들어내거나 만들어낸 이야기 속으로 끌려가지 마십시오. 오직 그 냄새만 맡으십시오.

건포도를 입 가까이 가져가십시오. 아직 입안으로 넣지는 마십시오. 입안에서 어떤 일이 일어나고 있는지 느껴보십시오. 침이 고입니까? 어디에서 침이 많이 고입니까? 혀가 움직이지 않습니까? 가능한 한 주의 깊게 입속에서 일어나고 있는 여러 현상들을 관찰하십시오.

건포도를 입으로 가져가서 입속에 넣으십시오. 그 다음 어떤 일이 일어나는지 살펴보십시오. 씹기 전 건포도의 느낌은 어떠합니까? 당신의 입속에서 어떤 일이 일어나고 있는지 살펴보십시오. 씹기 전에 건포도를 약간 움직여 보십시오. 느낌은 어떠하십니까?

어떤 생각이나 이야기 또는 어떤 판단이 일어나고 있는지 지켜보십시오. 만약 어떤 생각이나 이야기 또는 판단이 일어났다면 그것을 그냥 알아차리기만 하고 놓아 보내십시오. 매달리거나 붙잡으려 하지 마십시오. 오직 입안의 건포도 주위에서 일어나고 있는 직접적인 감각경험에만 주의를 집중하십시오.

이제 건포도를 서서히 씹어 보십시오. 처음 깨무는 순간을 느껴 보십시오. 맛이 어떻습니까? 달콤하십니까? 흙냄새가 나는 가요? 쓴맛이 납니까? 아니면 어떤 다른 맛이 납니까? 부드럽습니까? 거칩니까? 쫄깃쫄깃합니까? 씹을수록 맛이 변합니까? 어떻게 변합니까? 입안의 어떤 부분에서 가장 맛이 강하게 느껴집니까? 씹을 때 일어나는 변화에 집중하여 그곳에 머무르십시오.

건포도의 맛과 씹는 동작에서 무엇을 알아차렸습니까? 건포도가 입 속에서 어떻게 사라져 가는지도 살펴보십시오. 삼키는 것은 어떠한지요? 입안에 남아있는 게 있는지요? 삼킨 후에도 아직 맛이 입안에 남아있습니까? 있다면 입안 어느 곳에 주로 남아 있습니까? 지금 이곳에 존재하는 모든 감각들을 느끼면서 편안하게 머무르십시오.

잠시 후 두 번째 건포도를 가져 오십시오. 건포도를 바라보면서 그 안에 무엇이 들어 있는지 지금 당신 앞에 오기까지의 상황들에 대해 생각해보십시오. 깊고 심각한 분석은 하지 마십시오. 다만 이 건포도 알이 여기에 오기까지 햇볕과 물 그리고 대지의 영양분이 인연되어 영글어졌고, 인간을 포함해서 모든 생명체들의 온갖 보살핌을 받아 이곳에 온 것임을 알아보십시오.

어떤 나라, 어느 지방, 어떤 밭의 어떤 나무 위에서 영글고 익은 포도 알을 누군가 따서 말립니다. 그것을 포장하여 시장으로 출하된 것을 사서 집으로 가져온 건포도 알 하나가 지금 여러

분의 손 위에 왔습니다. 건포도처럼 사소한 먹을거리를 포함하여 당신 주위에 있는 모든 먹을거리들이 당신과 소중한 연관을 맺고 있다는 것을 실감해 보십시오.

　다시 두 번째 건포도 알을 향해 천천히 주의를 돌리십시오. 당신은 바로 이 건포도 알을 과거에 단 한 번도 본 적이 없습니다. 이것은 당신이 지금까지 먹었거나 보았던 건이 건포도 알과는 전혀 다른 것입니다. 건포도를 이미 잘 알고 있고, 예전에 이미 먹어보았다는 따위의 생각은 하지 마십시오. 초심자의 마음으로 이 건포도와 함께 존재할 수 있겠습니까? 적어도 처음 건포도를 보았을 때의 마음으로 집중할 수 있겠습니까? 편견 없이 건포도를 바라보고 만져보고 촉감을 느껴보십시오. 건포도를 만지면서 소리를 들어 보십시오. 냄새를 맡아 보십시오. 씹어서 맛을 느껴 보십시오. 삼켜 보십시오. 이런 경험에서부터 무엇을 알아차렸습니까?

　세 번째, 네 번째 건포도 계속 해 보십시오. 할 적마다 초심의 마음으로 지금 이 순간에 머무십시오. 당신이 지금 먹고 있는 이 건포도와의 생생한 경험과 관계없는 어떠한 생각, 예컨대 성급함, 지루함, 실망감, 의심 혹은 그 밖의 다른 생각이나 정신적인 상태가 나타나고 있는지도 잘 살펴보십시오.

　이러한 느낌이나 생각이 일어난다는 것을 알아차려도 스스로에게 관대하십시오. 마음이 다른 곳으로 가 헤매고 있고 어떤 이야기나 판단에 빨려들거나 성급함이 일어나도 개의치 마십시오. 결코 잘못하고 있는 것이 아닙니다. 그냥 일상적으로 일어나는 일일 뿐입니다. 그것은 누구에게나 일어나는 것입니다. 지금 당신은 일어나고 있는 일을 알아차림하고 있는 것입니다. 지금처럼 현재에 깨어있는 연습을 거듭하면 할수록 인내와 수용감을 기를 수 있습니다.

2. 몸살피기(Body Scan) 훈련

몸살피기 훈련은 공식적 마음챙김 명상 수련의 첫 번째 훈련이다. 눈을 감은 채 등을 바닥에 대고 가만히 눕거나 의자에 편안하게 앉는다. 이어서 주의의 대상을 왼쪽 발의 발가락으로부터 시작해 서서히 상체 쪽으로 옮겨가면서, 신체의 여러 부위들의 감각을 차례차례 살핀다. 왼쪽 다리에 대한 감각 살피기가 끝나면 오른쪽 다리로 옮긴다. 이어 몸통, 팔, 어깨, 목, 얼굴, 머리 쪽으로 서서히 대상을 옮겨가면서, 신체 각 부위의 감각을 살펴본다.

개개 신체 부위에서 느껴지는 감각에 대해 어떤 변화도 시도하려고 하지 않는다. 오직 열린 마음과 호기심을 가진 채, 지금 이 순간 나타나는 감각을 살펴본다. 만약 신체의 어떤 부위에서 어떤 감각도 느껴지지 않는다면, 오직 감각이 없다는 것만 알아차리면 된다.

이 몸살피기 훈련은 근육들을 임의적으로 이완시키라고 지시하는 점진적 근육이완 훈련이나 자율훈련과는 차이가 있다. 몸살피기에서는 신체의 어떤 부위에서 긴장이 느껴지면, 단지 그곳에 긴장이 있구나 하고 알아차림하면 된다. 또는 어떤 부위에 아픔이 느껴지면 그곳에 어떤 종류의 아픔이 있구나 하고 알아차림하면 된다.

278

이렇게 몸을 살피는 동안 마음이 흔들려 주의가 다른 곳으로 가 방황하게 되면(이것은 불가피한 일임), 마음이 흔들리고 있다는 것을 알아차림한 후 지금 관찰대상인 신체 부위 쪽으로 조용히 되돌아오도록 한다. 그렇게 할 뿐 자기 자신에 대해 어떤 식의 비판이나 비난을 해서는 안 된다. 몸살피기는 제1, 2, 8회기에 수련하며, 1주부터 시작하여 4주까지 연속 4주간 숙제로 부과한다.

몸살피기 끝에 이완에 성공했다거나 실패했다는 따위의 결과를 기대해서는 안 된다. 이완이 일어날 수도 있지만 오히려 긴장되는 것만을 관찰해도 무방하다. 수련자들은 몸살피기하는 동안, 잠이 오거나 안절부절하며 마음이 심하게 방황할 수도 있다. 또한 몸이 이곳저곳 쑤시고 아프며 어떤 참을 수 없는 감정상태가 일어나기도 한다. 이러한 경험들을 했다고 해서 몸살피기 훈련을 잘못한 것은 아니다.

나타난 경험이 어떤 것이라도, 어떤 판단도 하지 않은 채 있는 그대로 알아차리는 것이 무엇보다 중요하다. "이렇게 하는 것은 틀린 것이야", "이렇게 해서는 안 돼", "그것과는 다르게 해야 해"라고 말하기보다는 "이 생각은 판단적인 생각이야", "흥미와 호기심을 갖고 그냥 바라봐", "공상이 떠올랐군, 몸살피기 쪽으로 주의를 되돌려야겠군" 등과 같은 독백의 말을 하는 것은 상관없다.

몸살피기 명상 안내문

편안한 자세로 앉거나 머리와 무릎을 베개로 받치고 누우십시오. 많은 사람들이 누워서 하는 몸살피기를 좋아합니다. 몸살피기는 잠들려고 하는 것이 아니라 마음을 챙겨 깨어있도록 수련하는 것이 주된 목적입니다. 몸을 따뜻하게 하십시오. 적어도 30분은 수련해야 하며, 이 명상에 익숙해질수록 점점 더 장시간 동안 수련할 수 있을 것입니다. 준비가 되었으면 눈을 감으십시오.

먼저 호흡의 들고 남을 느껴보십시오. 호흡이 몸속으로 들어왔다가 바깥으로 나가는 것을 느껴보십시오. 편안하게 이완한 채 몸 전체를 통해 느껴보십시오. 온몸을 한 덩어리로 생각해서 느끼십시오. 의자나 방바닥과 몸이 맞닿는 신체 부분에 집중하여 느끼십시오. 느낌을 인위적으로 변화시키려 하지 말고 느껴지는 대로 느끼십시오. 당신은 몸이 느껴지는 그대로, 바로 지금 이곳에 존재하고 있는 것입니다. 이 수련은 몸에 대하여 무엇인가를 생각하려고 하는 게 아니라, 몸이 느끼는 그대로를 느껴 보려는 것입니다.

자, 왼쪽 발의 발가락에 의식을 집중해 보십시오. 발가락에서 느낄 수 있는 감각을 느껴보십시오. 그런 후 발가락을 통해 호흡이 드나든다고 느껴보십시오. 즉, 발가락으로 호흡이 들어와 발가락으로 호흡이 되돌아나간다고 느껴보십시오. 발가락으로 호흡이 들어온 후 발가락을 거쳐 호흡이 되돌아나갑니다.

마음속에 어떤 상을 만들려고 하지 마십시오. 그냥 이완한 채 얼마나 많은 감각이 발가락에서 느껴지는지 바라보기만 하십시오. 특별한 감각이 느껴지지 않는다면 그냥 지켜보기만 하면서 '특별한 감각이 느껴지지 않는구나'라고 하십시오. 감각이 느껴지지 않는 것에 대해 어떤 해석을 하려고 하지는 않는지 살펴보십시오. 만약 해석하려는 생각이 떠오른다는 것을 알아차리면, 그

해석하려는 생각을 내려놓아 보내고 주의가 발가락으로 되돌아 올 수 있도록 하십시오.

발가락에서의 감각 변화도 느껴보십시오. 발가락의 온도, 양말이나 신발 또는 공기와의 접촉감도 느껴보십시오. 최대한 예민하게 느끼십시오. 최대한 세밀하게 미세한 감각을 느껴보십시오. 직접적으로 느껴지는 일차적 감각에만 의식을 머무르십시오. 감각이 느껴졌다가 변화되었다가 사라졌다가 하는 것을 그대로 보기만 한 채 내버려 두십시오. 감각이 자연스럽게 일어났다가 자연스럽게 변화되어 가다가 자연스럽게 사라지는 것만 살펴보십시오. 계속해서 보다 깊은 호흡을 몇 번하고 난 후, 발가락에 집중했던 의식의 초점을 거두어들이십시오.

이번에는 발가락으로부터 발바닥 쪽으로 의식의 초점을 옮겨가십시오. 발가락에서 했던 감각 살피기를 발바닥에서도 그대로 하십시오. 그런 후에는 발뒤꿈치, 발등, 발목으로 의식의 초점을 서서히, 서서히 옮겨가십시오. 이런 식으로 몸의 감각 살피기를 계속 하십시오.

신체 감각의 관찰이 마음챙김의 대상입니다. 신체감각의 알아차림과 함께하는 호흡은 이 순간에 당신을 바로 이곳에 머무르도록 해주는 것입니다. 발에서부터 엉덩이 부분을 향해 다리 위쪽으로 주의의 대상을 서서히, 서서히 옮겨가십시오.

호흡과 함께 종아리, 무릎, 허벅지의 감각에 계속 초점을 옮겨가십시오. 한 부위의 신체감각을 호흡과 함께 살펴본 후 다른 부위로 주의의 초점을 서서히 옮겨가십시오. 집중이 잘 안 될 때는 인내심을 갖고 초점을 두고 있는 신체 부위의 감각과 호흡 감각을 다시 느껴보도록 하십시오. 자, 이제 왼쪽 다리의 모든 신체 부위에 대한 감각을 두루 살폈습니다.

자, 이번에는 오른쪽 발과 오른쪽 다리 쪽으로 의식을 옮겨 가십시오. 오른쪽 발의 발가락에서부터 의식을 집중해 보십시오. 느낄 수 있는 만큼 느껴보십시오. 왼쪽 다리에서 했던 방식을 그 대로 되풀이하십시오.

오른쪽 발가락에서 시작하여 차츰차츰 오른쪽 다리의 모든 부분으로 이동해 가십시오. 자, 다리를 거쳐 이번에는 골반 쪽으로 옮겨가십시오. 골반에서 느껴지는 감각과 함께 호흡한 후 복부와 아래 등 부위로 옮겨가면서 호흡하십시오.

다음에는 가슴과 등을 살펴보십시오. 어깨로 나아가십시오. 다음에는 왼쪽 팔의 손가락, 손바닥, 손등, 팔을 살펴본 후 나머지 다른 부위의 팔을 살펴보고 다시 어깨로 되돌아오십시오. 한 부위에서 다른 부위로 집중을 옮길 때 감각과 호흡에만 초점을 두십시오. 이번에는 오른쪽 팔의 손가락, 손바닥, 손등을 살펴보고 난 후 나머지 부분의 팔을 살펴보고 다시 어깨로 되돌아오십시오.

목, 턱, 입과 목 안쪽을 포함하여 얼굴 부위를 거쳐 머리 부위로 천천히 계속 옮겨 나아가십시오. 모든 부위의 신체를 다 살펴보았으면 자연스런 상태로 몇 번 호흡을 하고 다음에는 깊은 휴식으로 들어가십시오. 머리의 정수리를 통하여 호흡이 들어와서, 몸 전체를 관통하여 씻어 내려간 후, 두 발의 발바닥을 통해 몸 밖으로 나가게 하십시오. 정수리를 통하여 호흡이 들어와서, 몸 전체를 관통하여 샅샅이 씻어 내려가, 두 발의 발바닥을 통해 몸 밖으로 나가게 합니다.

　자. 마음 내키는 만큼 계속 정수리를 통하여 호흡이 들어와 몸을 관통하고 발바닥을 통해 바깥으로 나가는 호흡을 계속 하십시오. 이번에는 거꾸로 발바닥으로 호흡을 들이마셔서 몸을 통과하여 정수리로 나가게 하십시오. 발바닥으로 호흡이 들어와 몸을 통과하여 정수리로 나가게 하십시오. 하고 싶은 만큼 계속 하십시오.

　자. 이 모든 것을 다 마치면 마치 몸이 없는 것처럼 몸의 존재를 느끼지 못할 수도 있습니다. 그렇게 느껴져도 걱정하지 마십시오. 그냥 고요히 그 순간의 침묵 속에서 편안히 쉬십시오. 몸 살피기 후의 깊은 평화와 안정감을 한껏 느껴보십시오.

　수련을 마칠 준비가 되었으면, 깊은 호흡을 몇 번하고 서서히 눈을 뜨십시오. 천천히 몸을 좌우로 움직여 보십시오. 그리고 서서히 일어나 앉으십시오.

3. 정좌 명상

　정좌 명상은 마음챙김 명상의 가장 핵심이 되는 본격적 수련 과정으로, 크게 네 단계로 진행된다. 정좌 명상의 첫 단계에서 수련자는 의자나 방석 위에 앉아 마음을 각성한(깨어있는) 채 편안한 자세를 취한다. 등은 가능한 똑바로 펴서 머리와 목과 등뼈가 일직선이 되도록 한다. 눈은 가볍게 감거나 아래쪽으로 응시한다.

정좌 명상의 첫 번째 단계는 천천히 호흡하면서 콧구멍이나 목구멍에서 일어나는 감각, 하복부의 상하운동 등에 주의를 집중하는 것이다. 마음이 호흡 집중에서 벗어나 흔들리게 되는 것은 불가피하다. 그러나 이러한 흔들림을 알아차리면, 지체 없이 호흡집중으로 주의를 되돌린다.

이렇게 하여 주의가 집중되면 이번에는 주의의 초점을 호흡에서부터 신체 감각 쪽으로 옮겨간다. 수련자는 비록 불쾌한 신체 감각이 일어나더라도 애써 이를 해석하고 판단하지 말고 조용히 수용한다. 만약 몸이 불편하여(다리가 아파서) 움직이고 싶은 욕망이 생기면, 즉각적으로 움직이지 말고 그 대신 고통 자체가 발생되었음을 수용한다(다리가 아프구나). 그리고 꼭 다리를 움직여야겠다고 생각되면 움직이려는 의도, 움직일 때의 동작, 그리고 움직임에 의해 발생되는 감각의 변화까지도 빠뜨리지 말고 알아차림하도록 한다. 첫 번째 단계에서는 자신의 신체 내에서 일어나는 신체 감각을 알아차림하는 것이 특징이다.

정좌 명상의 두 번째 단계에서는 주변 환경 속에서 발생하는 소리나 냄새와 같은 외부 환경 자극에 대해 마음챙겨하여 수용하는 연습이다. 예컨대 들려오는 소리를 들을 때는 소리의 질, 소리의 양, 소리의 기간, 소리와 소리 사이의 침묵에 대해 어떤 판단도 없이 알아차림한다. 풍겨오는 냄새에 대해 알아차림할 경우에는 냄새의 질과 강도 등에 관해 어떤 판단과 분석 없이 순수하게 있는 그대로 알아차림한다. 두 번째 단계는 외부자극을 순수하게 알아차림하는 것이 특징이다.

세 번째 단계에서는 주의의 초점을 자신의 마음 내부에서 자연스레 생겨나는 감정이나 생각으로 옮겨간다. 자신의 의식세계 속에 자연스레 떠올랐다가 사라져가는 생각이나 감정을 관찰한다. 다만 떠오르는 생각에 깊이 빨려 들어가지 말고, 단순히 그 생각의 내용이 무엇인지에만 주목해야 하며, 그 생각이 떠올라 전개되다가 사라져가는 변화를 살펴보아야 한다. 다시 말해 자신이 지금 경험하고 있는 분노, 수치, 욕망 등의 감정이 떠올랐음에 주목하고, 이 감정과 연관되는 생각이나 감정의 전개과정을 어떤 분석이나 판단 없이 목격자의 입장에서 알아차림한다.

정좌 명상의 마지막 단계에서 수련자는 자신의 의식세계에 자연스럽게 떠오르는 무엇이든(감각, 생각, 감정, 소리, 냄새, 욕망 등) 선택하지 말고 나타나는 대로 살펴본다. 이런 것들이 떠올랐다가 변화되어가다가 사라져가는 자연스런 현상을 어떤 판단 없이 살펴보면서 정좌 명상을 끝내게 된다.

정좌 명상은 제2회기부터 제7회기까지 여섯 회기에 걸쳐 한번에 10분에서 45분 정도까지 수련한다. 대부분의 주 동안 정좌 명상은 숙제로 부과된다.

정좌 명상 안내문 1 :
신체 감각과 같이하기

정좌 명상은 편안하게 바닥에 앉아서 하거나 등받이가 있는 의자에 앉아서 할 수도 있습니다. 상황에 따라 편리한 대로 하십시오. 먼저 편리한 대로 자리를 잡으십시오. 바닥에 앉아서 할 경우에는 방석을 엉덩이 밑에 깔고 양반다리 자세를 취할 수도 있고, 가부좌 자세나 반가부좌 자세로 앉아서 할 수도 있습니다. 어떤 자세를 취하거나 자유입니다. 엉덩이를 바닥에 붙이고 편안하게 앉아서 하면 됩니다. 자세에 지나치게 신경 쓰지 마십시오. 의자에 앉아서 할 경우는 등을 등받이에 기대서 하지 마십시오. 등을 똑바로 세워서 해야 각성 유지에 도움이 됩니다. 바닥에 앉아서 할 경우에는 두 무릎을 바닥에 붙이면 이상적입니다. 허리를 꼿꼿이 세운 채 편안하게 앉기 위해서는 엉덩이 밑에 깔 방석의 높이를 조절하는 게 좋습니다. 방석을 접어 엉덩이 밑에 깔고 두 무릎을 바닥에 붙인 채 해보십시오. 편안하게 느껴질 것입니다.

자, 준비가 되었으면 등을 똑바로 세워 위엄 있고 편안한 자세를 유지할 수 있도록 하십시오. 의자에 앉아서 할 경우에는 두 다리를 어깨 너비 정도로 벌리고 발바닥은 바닥에 편안히 놓고 하십시오. 명상할 자세가 갖춰졌으면 두 눈을 부드럽게 감으십시오. 이제부터 명상에 들어갑니다.

먼저 엉덩이가 닿아있는 바닥에서 느껴지는 촉감이나 압박감 그리고 그밖에 앉아있으면서 느낄 수 있는 어떤 종류의 신체감각이라도 느껴보십시오. 처음에는 이런 신체감각들을 느끼는 데 마음을 집중하십시오.

자, 이번에는 호흡으로 주의를 옮기십시오. 숨을 들이쉬고 내쉴 때 아랫배에서 느껴지는 신체 감각에 의식을 집중하십시오. 처음 연습할 때는 한 손을 아랫배 위에 올려놓고 숨을 들이쉴 때 손이 위로 올라가고 내쉴 때 손이 아래로 내려가는가를 살펴보십시오. 하복부의 움직임과 감각에 마음을 모을 수 있게 되면 손을 복부에서 뗀 채 계속하여 하복부의 움직임과 감각을 마음의 눈으로 살펴보십시오. 숨을 들이킬 때 아랫배가 부드럽게 부풀어오르고 숨을 내쉴 때는 부드럽게 줄어드는지를 살펴보십시오. 숨을 들이킬 때는 아랫배가 부드럽게 부풀어오르고 숨을 내쉴 때는 부드럽게 줄어드는지를 계속하여 살펴보십시오. 이번에는 호흡이 코로 들어와 아랫배까지 진행되어가는 전 과정 동안 느껴지는 신체감각의 변화를 느껴보십시오. 자, 이번에는 호흡이 아랫배로부터 코를 통해 바깥으로 나가는 전 과정 동안 느껴지는 신체 감각의 변화를 느껴보십시오.

집중이 잘 되면 마음속으로 숨을 들이쉴 때는 '들~' 하고, 내쉴 때는 '토~' 하고, 호흡 사이에는 '쉼~' 하고 마음속으로 읊조려 보십시오. '들~쉼~토~쉼~들~쉼~토~쉼~들~쉼~토~쉼~들~쉼~토~쉼~' 계속하여 하십시오. 숨 쉬는 것을 어떤 식으로든 통제하려고 하지 마십시오. 자연스럽게 하십시오. 숨 쉬는 동안 느끼는 경험들도 자연스럽게 느낄 수 있게 하십시오. 이상적인 숨쉬기 방법이 따로 있는 것도 아니고, 특별하게 도달해야 할 이상적 상태가 따로 있는 것도 아닙니다. 느껴지는 자연스런 경험에 충실하십시오.

얼마 지나지 않아서 당신의 마음은 아랫배의 움직임에 대한 관찰에서 벗어나 바깥세계로 향해 방황을 시작할 것입니다. 온갖 종류의 생각과 계획과 같은 것이 마음에 떠올라서 방황하게 될 것입니다. 이런 마음의 동요는 자연스러운 것이며 모든 사람이 다 느끼는 것입니다. 이것은 잘못된 것도, 실패한 것도 아닙니다. 안심하십시오. 마음이 호흡 관찰에 머물러 있지 않고 다른 생각에 가 있다는 것을 알아차리면 다른 곳에 가 있는 마음을 조용히 붙잡아 호흡 쪽으로 되돌리면 됩니다. 의식을 아랫배 쪽으로 되돌려 놓고서는 조금 전처럼 호흡이 들어오고 쉬고 나가고 할 때 느껴지는 신체 감각들에 마음을 챙기십시오. '들~' 할 때에 느

287

껴지는 감각, '쉼~' 할 때에 느껴지는 감각, 그리고 '토~' 할 때에 느껴지는 감각을 마음챙김하십시오.

마음을 아랫배로 돌려놓아도 금방 다시 바깥대상으로 옮겨 갑니다. 이런 마음의 동요는 끝없이 되풀이됩니다. 이렇게 불안 정하게 움직이는 마음이 우리들 마음의 모습입니다. 마음이 다른 곳에 끌려가 움직이고 있다는 것을 알아차리는 순간, 이런 마음 의 동요는 지극히 자연스런 현상이라고 생각하시고 아랫배 호흡 으로 의식의 초점을 돌리십시오. 숨이 들어오고 쉬고 나가고 하 는 동안 느껴지는 신체 감각들에만 마음을 챙겨나가십시오. 아무 리 애써 봐도 마음은 또 다시 계속하여 바깥으로 달아납니다. 마 음의 성질이 원래 그렇기 때문에 붙잡아 매어둘 수 없습니다. 이 런 마음의 방황을 지켜보는 것이 나에게 인내심을 길러줍니다. 생각의 다양성과 호기심의 내용을 알려주기 때문에 오히려 다행 스런 일이라고 여기십시오. 계속하여 달아난 마음을 붙잡아 아랫 배의 호흡 자리로 되돌아가도록 하십시오.

호흡에 충분히 집중하고 있다고 느껴지면, 호흡뿐만 아니라 전 신체에서 느껴지는 다른 감각들에도 마음챙김을 확산시켜 갑 니다. 아랫배로 계속 호흡을 하면서도 주의의 초점을 서서히 옮 겨가, 전 신체의 감각과 이 신체 감각들의 양상이 조금씩 바뀌어 져나가는 데 의식을 집중해나갑니다. 몸과 맞닿아 있는 바닥이나 의자 부분에서 느껴지는 접촉감뿐만 아니라, 발바닥과 무릎의 신 체 접촉 부분에서 시작되는 촉각, 압각, 통각 등의 신체 감각들에 대해서도 마음을 챙겨나가십시오. 그리고 상체의 무게를 지탱하 는 엉덩이 부분, 두 손을 올려놓은 무릎 부위 또는 두 손에서 오는 감각들로 확산시켜 갑니다. 이러한 몸 전체에서 올라오는 신체 감각들에 대해 마음챙김하여, 이 모든 감각들을 하나로 아울러 볼 수 있도록 의식의 공간을 넓혀 갑니다.

이때도 전처럼 마음이 호흡이나 신체감각에 대한 집중으로부터 빠져나가 다른 곳에서 방황하게 될 것입니다. 이런 마음의 동요 현상은 너무나 당연하고 자연스런 일입니다. 이런 마음의 방황은 잘못된 것도 아니고 실패한 것도 아닙니다. 의식이 방황하고 있다는 것을 알아차릴 때 마다 속으로 이렇게 말하십시오. "자~, 이것은 내가 졸지 않고 깨어 있다는 증거이구나. 정말 다행스런 일이야. 내 마음이 지금 그 대상에 가 머물고 있었구나. 나는 지금 그런 생각을 하고 있었구나." 그러면서 주위의 초점을 아랫배의 호흡과 전 신체 감각으로 부드럽게 되돌리십시오. 최선을 다해 할 수 있는 일이란 순간순간 온몸을 통해 나타나는 실재하는 신체 감각들에 주의를 집중하는 것입니다.

앉아있을 때 등, 무릎, 어깨 부위에서 오는 특정 감각이 지나치게 강하게 느껴질 수도 있습니다. 이때는 '지금 나의 주의가 이런 특정 감각에 빼앗기고 있구나' 느끼면서 호흡이나 신체 감각으로 되돌아오도록 하십시오. 한편 이때 의식의 초점대상을 감각의 강도가 강한 신체 부위로 옮겨가서 그 감각의 양상에 주의를 기울일 수도 있습니다. 보다 구체적으로 그 감각들은 정확하게 어떤 감각들인가, 어느 부위에서 올라온 감각인가, 순간순간 강도가 변화되고 있지는 않은가, 이 부위에서 저 부위로 감각이 옮겨가고 있지는 않은가, 하는 등으로 살펴보는 것입니다. 그러나 이런 것들에 대해 지나치게 꼼꼼하게 알아보고 의미를 판단하려고 해서는 안 됩니다. 이렇게 강한 감각을 나의 마음의 눈으로 살펴보기만 하십시오. 앞서 몸살피기 연습할 때 했던 것처럼, 강한 감각을 느낀 그 부위에 의식을 집중하여 초점을 두고 그 부위에 호흡을 집중적으로 계속 할 수도 있습니다.

감각의 강도와 양상에 따라 마음이 움직이고 있다는 것도 알아차리십시오. 마음이 움직일 때마다 호흡이나 온 몸의 감각 쪽으로 의식을 되돌리십시오. 이런 방식으로 의식이 호흡이나 감각으로 다시 연결되면 의식의 범위는 보다 확대되어 나갑니다. 신체 감각의 강도와 양상에 따라 마음이 순간순간 움직이고 있다는 것을 마음챙김하십시오. 자, 이제 마음챙김 호흡과 신체 감각 느끼기 연습이 끝날 단계로 접어들고 있습니다. 조용히 눈을 뜨고 몸을 좌우로 움직이면서 일상으로 돌아갈 준비를 하십시오. 눈을 뜨고 일어나 앉으십시오.

정좌 명상 안내문 2.
외부자극·생각과 같이하기

마음이 안정이 되었으면 이번에는 주의의 초점을 외부에서 들려오는 소리 감각 쪽으로 옮겨가십시오. 주의의 초점을 귀 쪽으로 옮겨온 후 의식을 더욱 확장시켜 나가십시오. 언제 어디에서나 일단 소리가 들려오면 그 소리 나는 곳으로 귀를 기울이십시오. 소리가 나는 곳으로 일부러 찾아가거나 특정한 소리를 들으려고 애쓰지는 마십시오. 단지 마음을 열고 소리가 들려오면 가까운

데서 들려오는 소리이건 먼 곳에서 들려오는 소리이건 어떤 방향에서 들려오는 소리이건 관계없이 모든 소리에 대해 마음챙김하여 들으세요. 분명한 소리에도, 큰 소리에도, 미미하고 작은 소리에도 마음챙겨하여 들으세요. 소리와 소리 사이의 여백의 공간에도 마음을 챙기십시오.

가능하면 최선을 다해 소리를 단순한 감각으로만 받아들이십시오. 그 소리에 관해 무언가 해석하고 판단하지 마십시오. 그 소리의 의미보다는 그 소리의 높낮이, 음조, 강약, 기간 등 소리의 감각적 특성에 대해서만 의식을 집중하십시오. 이 순간 나타났다가 저 순간으로 사라져가는 소리에만 의식을 집중하십시오.

소리에 대한 마음챙김 훈련은 매우 바람직한 훈련입니다. 의식의 범위를 확대시켜 의식의 영역을 보다 넓히고 의식의 질을 보다 확산시키는 데 매우 유용하기 때문입니다. 이 훈련은 신체 감각에 대한 마음챙김보다 먼저 실시할 수도 있고 뒤에 실시해도 관계없습니다. 또한 수시로 이 연습을 하는 것은 대단히 중요한 것입니다. 이른 새벽 바깥에서 들려오는 새 소리, 바람 소리, 빗방울 소리, 풀벌레 소리 등 지금 이 순간 들려왔다 사라져가는 온갖 종류의 소리에 귀 기울여 보십시오.

자, 이제 소리에 대한 마음챙김을 내려놓고 다른 쪽으로 주의집중을 옮겨가 봅시다. 주의집중 대상을 지금 마음속에서 일어나고 있는 생각으로 옮겨 봅시다. 마음속에 어떤 생각이 일어났음에 주목하고, 그 생각이 마음의 공간 속에서 진행되어 변해나가다가 드디어 사라져가는 모습을 지켜보기로 합시다. 일부러 생각이 일어나는 곳을 찾아 나설 필요는 없습니다. 단지 자연스럽게 사라져가는 생각을 지켜만 보십시오.

반드시 생각해야 할 특별한 생각은 없습니다. 일어나는 모든 생각을 모두 포함시키십시오. 지금 이곳에서 일어나고 있는 무슨 생각이라도 좋습니다. 분노감, 공포감, 지겨움, 졸음, 초조함, 욕심, 성급함, 고요함, 평화감, 흥분감, 환희심, 질투심, 친절감, 사랑, 자비심과 같은 온갖 욕망과 감정상태 모두가 다 주목의 대상이 됩니다. 경험 속에서 나타나는 모든 생각에 마음을 여십시오. 하나하나의 생각을 명령하려 하거나 움켜쥐려 하거나 밀어내 없애버리려고 하지 않은 채 의식의 공간 속에 떠오르는 모든 생각을 다 지켜보십시오.

자, 이제는 지금 이곳에 나타나는 모든 것에 마음을 여는 차례입니다. 하나하나의 소리나 감각, 냄새, 맛, 그리고 생각, 감정들에 이르기까지 지금 이 순간 마음속에 떠오르는 모든 것에 알아차림하십시오. 지금 이곳에 나타나는 하나하나의 대상은 다만 지금 당신의 머릿속에 떠오른 대상일 따름입니다. 지금 당신 앞에 나타난 많은 대상들 가운데 어느 하나에만 주의를 모으십시오. 부드럽게 이완한 후 그 대상이 바로 여기에 존재하도록 하십시오. 가능한 한 깊이 주의를 집중해서 그 대상과 연결되십시오. 마음의 문을 최대한 넓게 열어 다가온 대상에 집중하여 머무십시오. 계속 그 대상과 연결하여 계십시오. 그 대상이 여기 이곳에 존재하는 한 꽉 잡아 챙기십시오. 그 대상이 바뀌어 다른 대상이 나타나기 전에 몇 번씩 그 대상에 대해 거듭 주목하여 집중할 필요가 있습니다. 예컨대, 어떤 소리가 들린다면 그 소리가 "들려", "들려", "들려" 또는 신체감각이 "눌려", "눌려", "눌려" 또는 어떤 생각에 대해서 "그 일에 관해 생각한다", "그 일에 관해 생각한다.", "그 일에 관해 생각한다"와 같은 말을 마음속에서 되풀이할 수 있는 것입니다. 만약, 말을 해서 오히려 산만해지면 그냥 내버려두고, 그 대상과 감각을 연결시켜 그곳에 머무십시오. 인내심을 갖고 현재에 머무십시오.

자, 이런 식으로 계속 연습을 하십시오. 이것이 바로 특정한 대상에 한정됨이 없이 깨어 있기이며 현재 이곳에 머무르기 수련인 것입니다. 이 수련은 당신의 자각력과 존재감을 더욱 확고하게 해 줄 것입니다. 부드럽게 이완하고 모든 것을 그냥 존재하는 상태로 두십시오. 공포나 걱정 심지어 심한 고통스런 장애가 나타나더라도 부드럽게 그것을 맞이하십시오. 깊이 바라보십시오. 깊이 느끼십시오. 깊이 경청하십시오. 그냥 왔다가 그냥 사라지게 내버려두십시오. 그냥 그대로 내버려둔 채 몸과 마음에 어떤 일이 일어나는지 주의 깊게 바라보십시오. 마음챙김으로 얻어진 밝은 빛을 공포, 두려움, 걱정거리에다가 직접 비추어보십시오. 깨어 있는 마음으로 밝은 빛을 품어보십시오. 자, 호흡과 복부로 다시 의식을 집중하십시오. 의식하면서 호흡하십시오. 호흡하시면서 생각이 진행되는 대로 내버려두십시오. 무엇이든 느껴지는 대로 느껴보십시오. 인내심과 믿음을 가지고 지켜보십시오. 실패할 것이란 생각, 무력감, 절망감에 대한 생각조차도 살펴보십시오. 스스로 일어나는 자비심과 동정심도 지켜보십시오. 생각은 생각으로만 바라보십시오. 신체 내부의 느낌을 자각하고 그것이 어떻게 나타나서 어떻게 변화되어 가는지 살펴보십시오. 좀 더 시야를 넓게 가지고 오고 가는 모든 것에 대해 넓고 열린 마음을 유지한 채, 편안히 쉬면서 바라보십시오. 바라보고만 있지 휩쓸려가지 마십시오. 깊은 정적 속에 자신의 마음의 움직임을 살펴보십시오.

자, 이제 끝날 시간입니다. 눈을 서서히 뜨고 몸을 좌우로 부드럽게 움직이면서 수련을 마무리하십시오.

4. 걷기 명상

마음챙김 걷기 명상은 비공식 수련으로서, 걷기 동안의 신체 감각과 균형에 주의의 초점을 두는 것이다. 눈은 정면으로 향하고 가능한 발쪽으로 내려다보지 말아야 한다. 몸을 움직일 때, 다리를 들어올릴 때, 신체의 균형을 잡을 때, 그리고 걸음과 관련 있는 발과 다리의 움직임과 감각 등에 주의의 초점을 둔다.

다른 종류의 명상처럼 마음이 바깥으로 빠져나가 방황하고 있을 때 걷고 있는 다리 감각 쪽으로 주의를 돌리도록 한다. 보통 걷기 명상은 매우 느린 속도로 걷기 시작하여 익숙해지면 보통 정도의 속도나 평소보다도 좀 더 빠른 속도로도 행할 수 있다. 일반적으로 이 명상은 실내를 가로질러 왔다갔다 하면서 행하며, 어떤 특정 도착지점을 미리 선정하지 않고 하는 것이 좋다.

걷기 명상에서는 오직 걷는 동안에 일어나는 신체 감각만이 주된 주의의 대상이 된다. 초기단계에서는 발과 다리에서 일어나는 감각들에 초점을 두도록 하지만 시간이 지나가면서 걷는 동안 전 신체에서 일어나는 모든 감각들에 대해서도 주의의 초점을 확대해나가도록 한다.

정좌 명상이나 몸살피기 명상에서는 가만히 앉아있거나 누워있어야 하기 때문에, 어떤 수련자는 불안이나 긴장감이 생길 수도 있고 참을 수 없을 정도의 불쾌감이 나타날 수도 있다. 이런 사람들에게는 걷기 명상을 권한다. 걷기 명상은 간단한 용무를 보러 간다거나, 차에서 내려 사무실로 간다거나, 사무실에서 차로 향해가는 동안 또는 마을을 한 바퀴 산책하는 것과 같은 일상생활의 걷기를 마음 챙겨 걸을 수도 있다. 일상생활에서 마음챙김 걷기는 현재 이 순간의 마음과 몸을 보다 계속적으로 알아차림하는 능력을 길러가는 데 도움 될 것이다.

걷기 명상 안내문

15분 내지 20분 동안 자연스럽게 걸을 수 있는 장소이면 됩니다. 조용한 실내에서나 바깥에서나 산과 들 또는 강변이나 해변 어디서나 가능합니다.

현재 이 자리에 서 있을 때 느껴지는 신체 감각을 먼저 알아차려 보십시오. 발바닥에서 다리를 거쳐 올라오는 감각을 느끼십시오. 팔을 편안하게 하십시오. 두 손을 뒷짐잡거나 그냥 옆에 느슨하게 내려두십시오. 발바닥과 발의 감각에 주의를 집중하십시오.

자, 한 발을 천천히 들어올리면서 시작하십시오. 이렇게 천천히 시작해야만 처음부터 마음챙김하며 걷는 데 도움이 됩니다. 걸을 때 발과 다리의 감각에 집중하십시오. 발을 들어올리고 앞으로 내밀고 바닥에 내려놓는 등 세세한 걸음 동작에 주의를 집중하십시오. 한쪽 발에서 다른 쪽 발로 몸무게가 어떻게 이동되어 가는지 느껴보십시오. 다리의 느낌은 어떠하며 몸의 움직임은 어떠한지 느껴보십시오. 한쪽 발에서 다른 쪽 발로 몸무게가 이동되어 갈 때 다리의 느낌, 몸의 움직임 느낌을 살펴보십시오. 집중이 잘 안 되거나 마음이 산만해지면 부드럽게 발과 다리의 감각으로 되돌아오십시오.

이런 식으로 천천히 한 발짝 한 발짝 걸으십시오. 발을 들어 올리고 앞으로 내밀고 바닥에 내려놓는 등 세세한 걸음 동작에 마음챙김하십시오.

멈추어 서는 것에 대해서도 마음챙김하여 집중해 보십시오. 당신의 몸에 귀를 기울여 보십시오. 더 움직이고 싶은 충동이나 다시 되돌아가거나 다시 더 걷고 싶은 마음이 생기는지 살펴보십시오. 자발적인 움직임보다 움직이려고 하는 의도가 먼저 생기는지 주목하십시오.

이런 식으로 15분 내지 20분 동안 걷기 명상을 하십시오. 걷고 있는 동안 일어나는 모든 것에 마음챙김하십시오. 생각, 소리, 혹은 그밖의 다른 것으로 인하여 마음이 산만해지면 잠깐 걷기를 멈춘 후 걷기를 다시 시작하십시오. 집중을 방해하는 일을 알아차림하고, 깨어있는 마음으로 돌아온 후 부드럽게 걷는 발로 초점을 돌리고 다시 걸으십시오.

처음에는 느린 속도로 시작하지만 좀 더 익숙해지면 정상적인 걸음속도나 그 이상으로 해볼 수도 있습니다. 기분이 상해 초조할 경우에는 좀 더 빠른 속도로 걷고 집중이 잘되고 순간에 존재할 수 있게 되면 속도를 늦추십시오. 빨리 걷게 되는 경우 오른발을 앞으로 내밀 때 또는 왼발로 땅을 밟을 때와 같은 어떤 한 가지 동작과 이에 따르는 감각에만 초점을 맞추는 것이 더 쉬워질 것입니다. 많은 감각들 가운데 어떤 한 가지 감각만을 빠른 움직임 속에서 닻으로 삼아 집중의 대상으로 삼으십시오. 또는 왼발을 들어올릴 때 속으로 "나는"이라고 읊조리고, 오른발을 땅에 내릴 때 "평화롭다"라고 읊조려 보십시오.

5. 일상생활 속에서 알아차림

세수할 때, 청소할 때, 밥 먹을 때, 운전할 때, 쇼핑할 때와 같은 일상생활 속의 여러 활동 장면에서 마음챙김 명상을 응용할 수 있다. 매 순간순간 알아차림하는 능력을 키워나가는 것은 바로 즐거움 속에서 일에 몰입할 수 있는 능력을 키워갈 수 있을 뿐 아니라 힘들고 어려운 상황을 잘 알아차리고 잘 다루어나갈 수 있는 능력 또한 함양할 수 있다. 이런 알아차림 능력이 커지는 것이 바로 삶 속에서 행복감이 늘어나고 깨어있는 각성감이 증대되는 것이다.

일상생활 속에서 즐거운 순간에 대한 알아차림 훈련은 제2주 동안에 주어지는 숙제 속에 즐거운(쾌) 사건에 대한 관찰 기록을 통해 가능하다. 수련자는 하루 한 가지씩의 유쾌한 사건에 주목하여, 이 쾌적한 사건과 관련되어 일어나는 생각·감정·감각 등을 기록하도록 한다. 이와 유사하게 제3주의 숙제 가운데는 불쾌한 사건에 대한 관찰도 주목하여 기록

한다. 쾌 및 불쾌에 관한 알아차림 연습은 쾌·불쾌와 관련되는 심리적 현상과 행동 간의 관계성에 대한 습관적 반응 패턴을 이해하는 데도 도움을 줄 수 있다.

일상생활 속에서 마음챙김 호흡 명상을 간간이 실천하는 것도 좋다. 마음챙김 호흡 명상은 일상생활에서 끊임없이 변화하는 마음의 상태를 알아차림하는 능력을 길러준다. 순간순간 자신의 호흡에 주의를 기울이면 자각능력과 통찰능력은 길러지는 반면, 타성적이고 자동적이며 비적응적인 행동은 점차 감소된다. 특히 일상생활에서 마음이 불안하거나 우울할 때, 또는 몹시 당황하고 긴장될 때 마음챙김 호흡명상을 하면 도움된다.

6. 종일 명상

종일 명상 회기는 일반적으로 제6주째 열리게 된다. 이날 수련자는 정좌 명상, 걷기 명상, 몸살피기, 요가 수행에 참여하게 된다. 지도자의 지시를 제외하고는 하루 종일 침묵 속에서 행해지게 된다. 수련자들끼리 서로 말을 하지 못하게 하고 눈도 서로 마주치지 못하도록 한다. 비록 어떤 수행자들은 이날을 몹시 즐거워하고 마음도 이완된다고 하지만 이렇게 즐거워하는 것이 이 날의 수행목표는 아니다. 목표는 이 날 하루 동안 지금 이 순간에 머물면서 어떤 일이 일어나거나 알아차림하고 받아들이는 데 있다.

어떤 수련자는 정좌 명상을 할 때 신체적 불편함이나 고통을 경험할 수도 있고, 평소에 숨기고 싶어 했던 어떤 감정이 표출되는 것을 느낄 수도 있다. 또 어떤 사람은 따분하고, 불안한 마음을 느끼기도 하고, 하루 종일 일상적인 일들을 제쳐둔 채 명상을 하고 있다는 데 대한 일종의 죄의식 같은 것을 느끼기도 한다. 그러나 이 날처럼 비교적 오랜 시간 동안 침묵 속에서 알아차림을 하게 되면 보다 강력한 자아각성이 이루어질 수 있는 좋은 기회가 된다.

이처럼 종일 명상은 다른 사람과의 대화, 독서, 또는 TV 시청과 같은 일상적인 일에는 관여하지 않고 오직 자신의 경험세계를 비판단적으로 바라볼 수 있는 기회가 된다. 이러한 침묵 속에서 알아차림을 체험하는 것이 어떤 수련자에게는 스트레스가 될 수도 있지만 다른 수련자에게는 즐거움이 될 수도 있다. 그러나 대부분의 수련자는 이 날의 경험이 유쾌한 것과 불쾌한 것으로 혼합되어 나타난다고 말한다. 수련자들은 이 날의 경험에서 '마땅히 무엇을 느껴야 한다'거나 또는 '어떤 일이 마땅히 일어나야 한다'는 따위의 기대감을 갖지 말고, 오직 일어나는 대로 지켜보기만 하면 된다. 이 날 수행의 마지막 집단토의에서 수련자들은 그날 자신이 경험했던 것들에 관해 자유롭게 이야기하고, 지도자는 판단이나 해석 없이 따뜻하게 수용하고 공감해 준다.

Ⅲ. 건강하고 행복한 삶으로의 회귀

마음챙김 명상 수련에 있어서 몸살피기와 정좌 명상과 같은 공식 명상은 매일 일정한 시간을 마련하여 최소한 45분 이상 꾸준하게 수행해나간다. 걷기 명상, 마음챙김 호흡 명상, 먹기 명상, 자비 명상과 같은 비공식 명상은 일상생활 속에서 틈틈이 실천해 나간다. 무엇보다 중요한 것은 위의 명상 실천과 더불어 평소 다음과 같은 7가지 마음가짐 태도를 견지하는 훈련을 강조한다.

첫째, 판단하지 않는다.
둘째, 인내심을 갖는다.
셋째, 초심을 유지한다.
넷째, 믿음을 가진다.
다섯째, 지나치게 애쓰지 않는다.
여섯째, 수용한다.
일곱째, 내려놓는다.

이 7가지 마음챙김 태도를 일상생활 속에서 줄기차게 실천해가는 것이 삶을 지혜롭게 살아가는 데 매우 중요한 것이다.

MBSR, 즉 마음챙김 명상을 8주 이상 수련하면 다음과 같은 질병이 개선되고 삶의 질이 높아진다는 연구논문의 결과들이 많이 발표되었다.

- 두통, 요통, 견비통 등의 만성통증의 증후가 개선된다.
- 일반 불안증후군과 공황장애가 개선된다.
- 우울증의 증후가 개선되고 재발률이 낮아진다.
- 유방암, 전립선암 등의 환자에게서 면역수치가 개선되고 암에 따르는 우울증, 불면증 등의 심리적 증세가 개선된다.
- 대식증, 섬유근통증(fibro-myalgia), 불면증, 건선 등의 치료에 효과적이다.

환자집단이 아닌 일반 학생, 주부, CEO 등이 MBSR을 8주간 수행하고 나면 다음과 같은 효과가 있다.

- 우울과 불안이 최대 60% 정도 감소된다.
- 자기 통제력과 자기 수용성이 유의미하게 증가된다.
- 영성(spirituality)과 공감(empathy) 능력이 유의미하게 증가한다.
- 강박증, 대인민감성, 적개심, 공포감, 신체화지수가 유의미하게 감소되어 심신이 건강해진다.
- 긍정적 감정은 증가하고 부정적 감정은 감소되어 삶의 질이 개선되고 행복감이 증대된다.

따라서 마음챙김 명상은 면역계의 기능 강화 등으로 신체의 여러 질병을 개선한다. 불안, 우울, 적개심, 공포감, 대인민감성 등 부정적 감정을 낮추고, 자기통제력, 수용감, 영성, 공감 등 긍정적 감정은 증가시킨다. 이로써 심리적으로 건강하게 되어 삶의 질이 높아진다는 것이다. 한 마디로 마음챙김 명상 수련은 삶의 고통(아픔)을 줄이고 안락감(행복감)은 증강시켜, 건강하고 행복한 삶으로 개선하는 것이다.

심리학자의 인생 실험실

ⓒ 장현갑, 2017

2017년 9월 18일 초판 1쇄 발행
2024년 12월 22일 초판 8쇄 발행

지은이 장현갑
발행인 박상근(至弘) • 편집인 류지호 • 상무이사 김상기 • 편집이사 양동민
책임편집 양동민 • 편집 김재호, 양민호, 김소영, 최호승, 하다해 • 디자인 쿠담디자인
제작 김명환 • 마케팅 김대현, 이선호 • 관리 윤정안
콘텐츠국 유권준, 정승채, 김희준
펴낸 곳 불광출판사 (03169) 서울시 종로구 사직로10길 17 인왕빌딩 301호
　　　대표전화 02) 420-3200 편집부 02) 420-3300 팩시밀리 02) 420-3400
　　　출판등록 제300-2009-130호(1979. 10. 10.)

ISBN 978-89-7479-368-5 (03180)

값 18,000원